풍자~, ~, ~~~ ~~~ ~~ ~ ~~ ~~ ~~ ~~ ~ ~~ ~기까지 다양한 예술 영역에서 자신의 재능을 입증한 앙리 모니에가 후대에 이름을 알린 건 1830년에 발표한 희곡 『통속 생활의 전경』이다. 그는 '조제프 프뤼돔'이라는 인물을 통해 19세기 프랑스 부르주아의 전형을 묘사해낸다. 통통한 체구에 제법 근엄한 척 굴지만 누구보다 빨리 삶에 순응하는 프뤼돔 씨는 당시 파리지앵 관객을 사로잡았다. 이후 희곡 『조제프 프뤼돔 씨의 영광과 쇠락』이 발표되었고, 데생 모음집 『조제프 프뤼돔 씨의 추억』이 출간되었다.

앙리 모니에는 고등학교 졸업 이후 법무부에서 5년간 서기관 활동을 할 때도 틈틈이 화가들의 작업실을 드나들었다. 이후 소설가 알렉상드르 뒤마, 테오필 고티에, 스탕달, 외젠 쉬, 프로스페르 메리메, 오노레 드 발자크와 화가 외젠 들라크루아 등과 교류하며 이름을 알린다.

이 책, 『부르주아 생리학』에서 모니에는 부르주아의 다양한 생활상을 천연덕스러울 정도로 생생하게 묘사한다. 그 자신이 부르주아이기도 한 작가가 이처럼 부르주아를 분석하고 해체하는 작업을 해낼 수 있었던 것은 날카로운 지성과 주저하지 않는 동력이 있었기 때문이다. 이후 그는 생전과 사후 모두 아카데미 프랑세즈로부터 공로를 인정받은 예술가로 남았다.

부르주아 생리학

부르주아 생리학

Physiologie du Bourgeois

초판 1쇄 발행	2021년 6월 21일

지은이	앙리 모니에
옮긴이	김지현
펴낸이	최용범

편집·기획	윤소진, 박호진, 예진수
디자인	김태호
관리	강은선
마케팅	김학래
인쇄	(주)다온피앤피

펴낸곳	페이퍼로드 paperroad
출판등록	제10-2427호(2002년 8월 7일)
주소	서울시 동작구 보라매로5가길 7 1322호
이메일	book@paperroad.net
페이스북	www.facebook.com/paperroadbook
전화	(02)326-0328
팩스	(02)335-0334
ISBN	979-11-90475-54-9 (03300)

부르주아 생리학

Physiologie du Bourgeois

앙리 모니에 글·그림

김지현 옮김

페이퍼로드
paperroad

일러두기

· 이 책은 Henry Monnier, *Physiologie du Bourgeois*, Aubert, 1841을 우리
  말로 옮긴 것이다.

· 모든 주는 옮긴이 주다.

· 생리학이라는 장르적 특징과 19세기 프랑스 부르주아에 대한 독자의
  이해를 돕기 위해 옮긴이 작품 해설을 서문에 넣었다.

차례

프뤼돔 씨의 생리학

독자들의 오해가 없도록, 이야기를 순차적으로 풀어보기로 하자. (그러나 많은 이야기를 하려는 것은 아니다. 이것은 생리학, 앙리 모니에, 그리고 19세기 프랑스의 부르주아라는 대상이 낯설게 느껴지는 독자들을 약간 돕기 위하여 붙이는 몇 마디에 불과하다.)

생리학physiologie이란 본래 생물 유기체의 구성물과 그 조직, 기능을 연구하는 학문을 가리키는 학술 용어이다. 이 용어가 19세기 프랑스의 문학 경향 중 하나로 적용된 것은, 18세기 후반부터 19세기 전반에 이르는 동안 의학 및 생물학의 다양한 하위 분야가 세분화·전문화되는 과정에서 피할 수 없었던 혼돈 상태, 그리고 인문과학 쪽에서도 철학과 역사학, 사회학과 같은 주요 학문 분야들이 점진적으로 성립되던 상황과 맥을 같이 한다. 19세기 초 '생리학자physiologiste'라는 명칭은 의사나 해부학자 등 서로 다른 지위와 직업을 가진 사람들에게 불규칙하게 사용되었다. 이는 생리학이라는 학문이 그 자체로 경계가 명확하지 못했기 때문이다. 데스튀트 드 트라시Antoine Destutt de Tracy, 카바니스Pierre Jean Georges Cabanis와 같은 18세기 말의 이데올로그들은 인간의 육체적 구조 혹은 그것의 자연적·병리적 변화가 인간의 감정이나 지성, 성격 등에 영향을 줄 수 있다고 생각했다. 그런 의미에서 생리학이란 인간의 정신성, 더 나아가 영성靈性까지 포괄하는 연구의 영역이 된 것이다.

대중을 위한 보급판 과학 서적의 형식을 재전유再專有하여 시도된 최초의 '생리학' 중 하나는 1825년 출간된 브리야-사바랭Brillat-Savarin의 『미식 생리학Physiologie du goût』이다. 이후 1829년 발자크의 『결혼 생리학Physiologie du mariage』이 19세기 낭만주의 문학의 마이너 장르로서 생리학의 성립에 불을 당겼다. 물론 이 과정에서 마침 유행하던 '파노라마 문학'의 영향을 빠뜨릴 수 없다. 『파리 혹은 101인의 책*Paris ou le Livre des Cent-et-Un*』(1831~1834), 『프랑스인이 그린 프랑스인*Français peints par eux-mêmes*』(1839~1842)과 같은 동시대 삶의 풍속에 대한 백과사전적 소묘라고 할 수 있는 이 파노라마 문학은 그 역시 18세기 말 루이-세바스티앙 메르시에*Louis-Sébastien Mercier*가 쓴 『파리의 풍경*Tableau de Paris*』(1781)의 성공에 그 기원을 두고 있다.

그리하여 하나의 풍속연구로서 풍자적이고 유머러스한 어조로 사회 주제를 다루고, 이를 통해 다양한 인간 '유형'을 제시하며, 다른 한편으로 동시대 공간과 사물을 정치·문화적 배경과 연관시켜 묘사하는 이 생리학이라는 장르가 문학적 대유행이 되었다. 생리학 시리즈가 가장 성행한 때는 1840년대 초로, 1840년부터 2년간 삽화를 실은 축쇄판 책들이 수백 권 간행되었다. 이후 1843년부터는 내리막길을 걸었다지만, 1870년대까지도 생리학은 장르적 생명력을 유지했다.

『대학생 생리학』, 『창녀 생리학』, 『여공 생리학』, 『법조인 생리학』, 『의사 생리학』, 『미혼남 생리학』, 『유부남 생리학』, 『공무원 생리학』, 『연인 생리학』, 『어린이 생리학』, 『넝마주이 생리학』, 『산책자 생리학』, 『파리지앵 생리학』, 『수도에 온 지방인 생리학』, 『극장 생리학』, 『화가 생리학』, 『여행자 생리학』 등……. 여기서 당대 저널리즘 발전의 영향, 즉 일상적이며 시사적인 그리고 군데군데 일화를 삽입한 글쓰기 양식을 발견할 수 있다. 수많은 저널리스트, 신문 소설과 대중 소설 작가가 때로는 가명을 쓰거나 아예 이름을 숨긴 채 이 마이너한 장르에 뛰어들었다. 그중에서 특히 언급할 만한 작가로 폴 드 콕Paul de Kock, 에두아르 우를리악Edouard Ourlic, 루이 위아르Louis Huart, 그리고 바로 이 책 『부르주아 생리학』의 저자 앙리 모니에Henry Monnier가 있다. 루이 위아르가 이 장르의 '창시자'로 여겨진다면, 이 영역의 '대가'는 단연 앙리 모니에다. 발터 벤야민은 그를 두고 "자기 자신을 관찰할 줄 아는 특별한 재능을 가진 속물"로서 생리학의 '거장'이라고 지칭했다.

　모니에는 당시 명문 고등학교 리세 보나파르트(오늘날 리세 콩도르세) 출신으로, 졸업 후 법무부에서 일하다가 그만두고 예술계로 전향했다. 그는 풍자화가이자 작가로, 그리고 스스로 자신이 쓴 희극의 배우로 활동했으며, 동시대 풍속을 다룬 그의 작품 활동은 흥행뿐 아니라 아카데미 프랑세즈 수상이라는 영광도 누렸다. 특히 '부르주아'라는 주제에 있어서 모니에는 이 책 『부르주아 생리학』을 쓰기 이전에 이미 공인된 그 시대의 부르주아 전문가였다. 그는 19세기 파리 부르주아 중의 부르주아인 '조제프 프뤼돔Joseph Prudhomme'의 아버지였다. '프뤼돔 씨'는 모니에가 1830년 희극 『통속생활의 정경Scènes populaires, dessinées à la plume』에서 처음 등장시킨 허구 인물로 그의 외형, 사상, 태도는 19세기 내내, 그리고 그다음 세기에 이르기까지 프랑스인에게 사회 기득권 부르주아의 대표적인 전형으로 각인되었다. 다음은 시인 베를렌이 바로 이 조제프 프

11

뤼돔으로부터 영감을 얻어 쓴 시이다.

프뤼돔 씨

그는 근엄하다. 그는 시장이며 한 가정의 아버지.
그의 탈착 칼라가 귀를 집어삼킨다. 그의 두 눈은
아무런 근심 없이 끝없는 꿈속을 부유하고,
꽃 피는 봄은 그의 실내화 위에서 빛을 뿜는다.

금빛 별은, 소사나무는, 그 나무의 그늘 속에서
노래하는 새는, 하늘은, 푸른 목초지는,
고요한 잔디밭은 그에게 무엇이 되는가?
프뤼돔 씨는 자기 딸을 결혼시킬 꿈을 꾸고 있다.
돈 많은 젊은 남자, 모某 씨와.

모 씨는 중도파이고, 식물학자이며, 배가 불룩하다.
그에게 시詩쟁이들이란, 이 무뢰배들, 이 불량배들,
잘 빗지 않은 턱수염 달린 게으름뱅이들은
영원히 낫지 않는 비염鼻炎보다도 끔찍한 것들인데,

꽃 피는 봄은 그의 실내화 위에서 빛을 뿜는다.

「카프리스」, 『토성인 시집Poèmes saturniens』, 1866.

'프뤼돔'이라는 이름은 '조심스럽다', '신중하다'라는 뜻의 프랑스어 'prudent'과 '사람', '남자'라는 뜻의 'homme'를 합성한 것이다. 즉 '신중한 남자'라는 뜻이다. '신중한 남자 조제프', '조제프는 신중한 남자' 정도의 어감을 상상할 수 있다.

대혁명 이후 프랑스의 정치적 지형이 끊임없이 요동치고, 산업과 자본주의의 발달로 수백 년간 이어져 왔던 삶의 양식이 뒤엎어졌다. 사람들은 급격하게 변화하는 사회의 모습, 그리고 그 사회 안에 존재하는 인간의 모습을 포착할 필요성을 절실히 느꼈고, 애초에 그것이 바로 파노라마 문학과 생리학 장르의 가장 근본적인 배경이다. 이때 그 모든 변화의 중심에 있던 존재, 급변하는 19세기의 주인공이 '부르주아'였음은 새삼스레 강조할 필요도 없을 것이다. 부르주아가 쓴 부르주아를 위한 부르주아 시대의 문학, 그중에서도 특별하게 부르주아(와 부르주아즈)를 분석하고 풍자한 작품인 이 책 속에서 우리는 우리 시대가 여전히 이 시대의 연장선상에 있음을 발견한다. 그리하여 이 책에서 풍자한 부르 주아로부터 우리는 바로 지금 모든 곳에 있는 '유산 계급 자유 시민' 어쩌면 하나의 '영원한 부르주아' 의 전형을 발견한다고 생각할 수도 있을 것이다.

그러나 이것이 처음부터 영원하고도 절대적 인 부르주아의 모습은 아니었다. 본래 부르주아란 도시를 가리키는 '부르bourg'에서 파생된 '성城안 사 람'을 의미하며, 이 말에는 성안의 자유 거주자로 서 대상자가 갖는 어떠한 특권적 의미를 분명히 내 포하고 있다. 그러나 본질적으로 이 '성안 사람'이 란 구체제의 신분제 사회에서 성의 공식적 소유자 인 왕, 성주와 대비되어 그 성안의 삶을 돌아가게 하는 모든 실질적 활동들의 주체였던 존재이다. 성 주가 그 자신의 특권에 안주하여 제 도시 안에서 이 루어지는 온갖 노동과 생산 활동의 결과물의 나태 한 수혜자로 머물러 있는 동안, 부르주아는 좋든 싫든 간에 그가 스스로 참여한 모든 활동을 통해 점점 그 세계의 상업과 산업뿐 아니라 모든 문화적·지적 진보의 주체가 되어갔고, 마침내 대혁명의 움직임이 일어났을 때 그 흐름을 이끄는 존재 역시 다름 아닌 부르주아였다. 그 유명한 들라크루아의 그림 〈민중을 이끄는 자유의 여신〉에 등장하는, 삼색기를 쳐든 그 자유의 여신이 자라난 정신적 동력의 둥지는 부르주아의 품속에 있기도 했다(물론 들라크루아의 그림은 1789년의 혁명이 아니라 1830년의 7월 혁명을 배경으로 한 작품이지만, 반동적인 복고 왕정에 대항한 7월 혁명의 정신이 바로 대혁명의 정신을 이어받은 것이라는 점에서). 다만 그러한 정신적 에너지, 이상이 현실에서 자리잡는다는 것은 생각보다 훨씬 어려운 일이었다. 로베스피에르와 함께 혁명정부가 몰락한 후 총재정부, 집정정부 시기를 거쳐 나폴레옹의 출현과 함께 시작된 제1제정, 그 나폴레옹의 몰락과 함께 성립된 왕정복고, 그리고 7월 혁명을 통한 시민왕의 탄생을 겪은 후 1840년대의 프랑스 부르주아는 가장 유력한 사회적 계급으로 그 지위를 확고히 하지만, 이 모든 혼란과 격동의 시기를 거치고 나서 부르주아에게 남은 것은 기회주의, 점차 본격적으로 자본주의와 기술산업이 지배하게 될 사회의 기득권의 태도였다. 그리하여 이 새로운 세계에서 구체제의 귀족 흉내를 내는 어리석은 부르주아, 프뤼돔 씨가 탄생한다. 그럼에도 불구하고 이『부르주아 생리학』이 출간된 지 5년 뒤, 이제 막 미술비평가로 데뷔했던 시인 보들레르는 자신의 1846년 살롱전 평을 '부르주아'에게 헌정하며, 예술을 대하는 부르주아 대중의 건전한 계몽을 꿈꾸기도 했다. 물론 보들레르의 헌정문에는 아이러니가 없지 않았지만, 어쨌든 거기에서 그는 부르주아가 시대의 지성을 이끄는 다수파라는 점을 분명하게 선언했다. 따라서 이 다수파가 빵이 없어도 인간은 사흘을 살 수 있지만 시詩가 없이는 살 수 없다는 '진실'을 인식하길 바랐다. 만일 이 책에서 우스꽝스럽게 풍자된 19세기 파리 부르주아의 모습, 아마도 부르주아의 데카당스, 퇴폐기의 부르주아라고 해야 할 그것이 우리 눈에 부르주아의 관념이자 실체 그 자체로 보인다면, 이는 정말로 이 풍자화가 현재 우리 사회의 유산 계급이 스스로의 모습을 어떤 식으로 구태의연하게 유지하는가를 확인시켜 주고 있기 때문일 것이며, 앙리 모니에라는 과거의 부르주아에게서 우리는 적어도 스스로를 풍자할 줄 아는 그 동력을 부러워해야 할지도 모른다.

제1장

부르주아란 무엇인가?

우선 오해의 소지가 없도록 순차적으로 이야기를
풀어보자.

　　우리의 부르주아는 당신의 부르주아가 아니
다. 당신 옆 사람의 부르주아도 아니다. 군병의 부
르주아도 아니고, 촌사람의 부르주아도 아니다. 나

뭇단이 가지각색인 것처럼, 부르주아라고 어찌 가지각색이 아니겠는가.

군병에게 부르주아란 군복을 입지 않은 자들이다. 여기서 군복이란 진짜 군복을 말한다. 변장놀이용 국민군* 제복―설혹 그 국민군이 기병쯤 된다 해도―이 아니라, 꼭두서니 바지† 말이다.

제국 시절,[‡] 군병은 부르주아를 '페캥'[§]이라 부르며 그들의 커다란 군도로 페캥의 귀를 날려버리

---

* 프랑스 국민군(la Garde nationale): 국민병, 국민위병, 국민방위대 등 다양한 번역 명칭이 있다. 1789년 대혁명 때 부르주아 시민에 의해 창설된 시민군 민병대. 창설 직후 사령관은 라파예트 장군이 맡았으며, 파리의 모범을 따라 곧 지방에서도 자발적으로 조직되었다. 1871년 파리코뮌 이후 해산될 때까지 존재하였다. 해당 시민이 속한 행정 구역 즉 시(市)와 코뮌(commune)에 복속되어 있으며, 그 구역 내 치안 유지 및 자위를 목적으로 한다. 혁명 시기 국민의회(Assemblée nationale)는 민중의 움직임을 단속하고 봉기를 진압하기 위해 이를 이용하기도 했는데, 1791년의 샹 드 마르스 학살 사건(la fusillade du Champ-de-Mars)이 대표적 사례이다. 이처럼 대혁명 기간에 정치적으로 매우 중요한 역할을 했던 국민군은 나폴레옹의 쿠데타와 제1제정, 복고왕정기를 거쳐, 이 글의 배경이 되는 7월왕정 체제의 출발 직전에는 파리 군이 잠시 해산된 적도 있었으나 7월왕정 성립(1830년)과 함께 파리 군이 재소집되고, 이후 그 활동을 한다는 것이 사실상 사회적 지위 상승의 표지가 되었다. 규정상 국민병은 20세에서 60세의 모든 프랑스 남성으로 구성된 조직이지만 통상군과 예비군의 두 그룹으로 나뉘어 있었고, 이중 통상군으로서의 복무는 복장 마련 및 무장에 필요한 비용을 스스로 댈 수 있으며 정기적 근무를 위한 시간 여유가 있는 자만이 가능하였기 때문이다. 오노레 드 발자크의 『세자르 비로토』나 빅토르 위고의 『레미제라블』 등 이 시기를 배경으로 한 소설 작품을 보면, 주인공의 삶이 유복해짐에 따라 자연히 국민병 조직 내의 지위를 획득하는 단계가 묘사되어 있다.

† 꼭두서니 바지(le pantalon garance): 예부터 붉은색 염료를 얻는 식물로 알려진 꼭두서니로 색을 입힌 프랑스 정규군 제복 바지를 말한다. 전에는 푸른색이었던 프랑스 정규군 보병의 제복 바지는 1829년 7월 이후 사를 10세의 칙령에 따라 일괄적으로 붉은색이 되었다. 국민군 제복 바지는 흰색이었다.

겠다고 쉴 새 없이 위협했다. 그때는 그게 유행이었고, 모두가 그 유행에 맞춰 줘야 했다. 오늘날 부르주아는 자신의 귀를 더 애지중지하고, 훨씬 더 공들여 간수한다. 자연 상태에는 모든 취향이 존재하는 법, 따라서 자기 귀에 집착하는 취향 역시 확실하게 타당한 취향이며, 여기에 타락의 요소는 전혀 없다.

촌사람에게 부르주아란 한쪽 팔 아래에는 밤색 예복을, 다른 팔 아래에는 중산모자를 끼고, 셔츠 깃을 세우고, 자수가 놓인 넥타이를 두르고, 낭캥 옷*을 받쳐 입고, 풀솜실 장갑을 끼고 다니는 도시에 사는 자들이다.

---

‡ 나폴레옹 1세의 제1제정 시기(1804~1814년)를 말한다. 나폴레옹이라는 희대의 영웅의 지휘 아래 정복전쟁을 이어가던 시기였으므로 프랑스 사회 내 군인의 위상이 높았다.

§ 페캥(Pékin): 중국 북경의 프랑스식 발음으로 북경의 비단을 가리키는 말로 쓰이는 한편, 군인들의 은어로 민간인을 의미하기도 한다.

* 낭캥(Nankin): 중국의 남경(南京) 지역을 뜻하는 동시에 이 지방에서 생산되는 담황색의 직물을 의미한다. 이후 이 직물은 인도와 유럽에서도 생산되었다. 주로 남성복의 조끼와 바지를 만드는 데 쓰였다.

보통 촌사람은 일요일마다 제 예복의 호사스러움을 과시하며 자신들을 모욕하려고 찾아오는 저 도시민을 무난히 견뎌낼 재간이 없다. 따라서 이들은 부르주아 한 명을 만날 때마다 제 등에 가시를 세울 기회를 민첩하게 잡되, 신중을 기하여 항상 네 사람 정도가 함께 상대하도록 신경 쓴다. 이러한 농촌 풍속의 소박함과 허물없는 태도는 우리가 아무리 찬탄해도 충분치 않으리라.

도시에 사는 노동자는 부르주아에 대해 단 하나, 오로지 한 가지 유형밖에 알지 못하니, 바로 공장 부르주아이다. 그것이 바로 그의 부르주아―혹은 이렇게 말하는 편이 더 마음에 든다면―그의 주인이자 사장이다.

이 귀족 나리들로 말하자면, 만일 그대가 오늘날까지도 이들의 존재를 기꺼이 받아들일 의사가 있다면 말이지만, 그들이 이 경멸스러운 호칭 부르주아로부터 떠올리는 것은 마치 백작이나 후작처럼 최고급 엘뵈프 나사 옷*을 걸친 서민이다. 이 서민들은 심지어 종종 백작이나 후작보다 더 좋은 옷을 입고 있지만 그렇게 '태어나지 않은' 사람들이다. 간혹 벌써 일흔에서 여든 살이 된 서민들이라 할지라도 그 사실은 변하지 않는다.

물론 이 밖에도 우리는 '부르주아 극', '부르주

---

* 노르망디 지방 엘뵈프(Elbeuf)에서 생산된 고급 나사(양모를 여타 직물에 섞어 짠 천으로 내구성과 보온성이 좋아 겨울용 의복에 많이 사용된다)를 가리킨다. 엘뵈프는 중세 이래 노르망디의 유명한 나사 생산지였고, 17세기에 왕립 나사 제조소가 설치된 후 전국적으로 나사의 주산지가 되었다.

아 저녁 식사', '부르주아 요리' 같은 게 있다는 것을 알고 있다. 이런 '것'은 일단 미뤄두고, 우선 '인간'에 대해서 계속 이야기해보자.

마부에게 부르주아란 자신의 마차에 올라타는 모든 사람이다. 그가 무기와 장비를 갖춘 시市경찰이건, 헐렁한 웃옷에 챙 달린 모자를 쓴 젊은 녀석이건 상관없다. 그들 직업의 가장 아름다운 속성이라 할 수 있는 독립성 때문에 마차꾼들은 손님을 '저의 부르주아(저의 사장님)'라고 부를 때마다 얼굴을 붉힐 수밖에 없다. 따라서 그들은 '우리의 부르주아(우리 사장님)'라고 한다. 이 둘은 분명 다르다. '저의 부르주아'라고 하는 것은 자신이 곧 당신의 마부임을, 당신의 비천한 종임을 자인하는 게 된다. 그는 '우리의 부르주아'라고 말함으로써, 당신을 자신과 다른 모든 마부에게 일반화된 부르주아로 간주한다. 게다가 이 개념은 당신이 그의 마차에 올라탄 동안에만 적용된다. 그 증거로 나는 다음과 같은 장면을 예로 들어 보이겠다. 당신이 마차에서 내리자마자—혹은 이들의 언어를 직접 빌리자면 마차꾼이 자신의 마차에서 당신을 부려놓자마자—그는 당신을 머리부터 발끝까지 완전히 흙탕물로 뒤집어씌우고는 이렇게 소리치는 것이다. "조심하라고, 이 짐승아!" 이는 그가 이제 더는 당신을 '부르주아(사장님)'로 보지 않음을 증명한다.

예술가에게 있어서 문제는 좀 다르다. 그들에게 부르주아라는 단어는 하나의 명칭, 하나의 의미, 하나의 호칭이 아니다. 그것은 하나의 욕지거리이다. 그것은 아틀리에 안에서 통용되는 언어 가운데 가장 모욕적인 단어이다. 어떠한 신통찮은 화가라도 부르주아로 취급되기보다 차라리 가장 끔찍한 흉악범의 이름으로 불리는 것이 천 배는 낫다고 생각할 것이다. 화가가 부르주아에 대해 가장 무자비한 태도를 보이는 공간은 주로 아틀리에 안이다. 따라서 아틀리에에 들어간 부르주아는 그가 마주할 수 있는 가장 큰 위험 중 하나를 감수하게 된다. 이 위험의 수준은 거의 메종 드 클리시*의 안마당에서

* 　메종 드 클리시(Maison de Clichy): 1834년에서 1867년까지 파리(현現 클리

마주친 채권자의 위협에 버금간다.

오늘날 부르주아에 대한 예술가의 태도는 1808년의 군병의 그것만큼 단호하고 편협하다. 즉 가깝게든 멀게든 그 자신의 부류에 속하지 않은 모든 것을 부르주아라는 말로 지칭하는 태도, 또 그에 대하여 어떠한 자비심이나 용서도 허용하지 않는 태도이다.

보다 고유한 의미에서의 부르주아에 대해 말하자면 우리는 국민군 교범에 나온 바에 따라 다음과 같이 말할 수 있다. 부르주아란, 3000 내지 4000리브르† 가량의 연금이나 정기 수입이 있고,

---

시 가 54–58번지)에 있었던 감옥으로 여기에는 주로 채무를 갚지 못한 자들이 갇혔다. 이들은 구금 상태로 빚을 대신하는 게 아닌 자신들이 진 빚을 갚아야만 풀려날 수 있었다. 다양한 사회 계층의 사람들이 구금되었으며, 유명 문인이나 예술가들도 예외가 아니었다. 소설가 발자크, 사진작가 나다르, 편집자 풀레–말라시 등이 여기에 수용된 적이 있다.

†   리브르(livre): 옛 화폐 단위의 하나로, 무게 단위이기도 하다. 1리브르는 은(銀) 1리브르(500g에 약간 못 미침)에 해당하는 가치를 지닌다. 고대 로마에서 사용되었던 무게 단위 리브라(libra)에서 유래했는데, 영국에서는 이것을 파운드(pound)라고 부르므로 영어권에서는 리브르를 '프렌치 파운드'라고 하기도 한다.

그 수입에서 빚 갚는 데 빠지는 액수가 없고, 넉넉하게 먹고살며, 발을 따뜻하게 하고 귀에는 솜 마개를 덮고 손에 지팡이를 짚은 채 자기 인생의 강을 완만하게 따라 내려가는 남자*다.

소상인이나 잡화상이라면 누구나, 철물상, 소품잡기제조인, 심지어 식료품상에 이르기까지, 말년에 이르러 이처럼 다행하고도 여유 있는 부르주아의 삶을 영위하기를 꿈꾸지 않는 사람은 없다.

자, 고매한 부인들이여,† 이제 그대들이 기꺼이 허락해준다면, 우리는 앞으로 부르주아라는 존재의 면면을 뜯어볼 것이다. 우리의 눈에 이 명칭에 걸맞은 모든 개인을, 그 취향, 관습, 버릇, 외양과

---

* '부르주아(bourgeois)'라는 말은 원칙적으로 남성을 지칭한다. 부르주아 계층에 속하는 여성을 특별히 지칭하기 위해서는 '부르주아즈(bourgeoise)'라는 여성형 명사를 사용한다. 부르주아즈에 대해서는 이 책의 제10장에서 별도로 다루고 있다.

† 여기서 '고매한 부인들'은 독자를 지칭한다. 이 책이 부인들만을 대상으로 하는 것은 아니지만, 작가는 남성으로서 예의를 차림과 동시에 다소 풍자적이기도 한 어조로 책의 각 장에서 부인을 자신의 청자라 부르며 호소한다. 여기서 부인이란 물론 부르주아 부인들이며, 작가 자신도 부르주아 남성이다.

거동 등을 보아 자격이 있다고 여겨지는 모든 인간을 우리는 바로 이 부르주아라는 이름으로 호출하고자 한다. 그리하여 이 드넓고 흥미로운 집단 안에 존재하는 모든 종種과 유형을 하나하나 검토해보고자 한다.

제2장

부르주아의 출생, 교육, 유년기

신기하기도 해라! 부르주아는 이 세상에 처음 올 때 나이가 50세인 듯하니. 그는 회색 머리칼에, 안경을 쓰고, 불룩한 배, 흰 양말에 검은 의복을 입은 채로 태어났다. 바로 이때, 이 시기에 그를 알아보지 못한다면 이후에 더 나은 기회를 잡기 어려우리라. 부르주아는 그보다 어려서는 아직 여물지 않았고, 발달이 덜 된 상태이다. 그런 상태에 대해 우리가 분석해야 한다면 매우 곤혹스러울 것이다. 이는 별 게 아니다. 그것은 아무것도 아니다.

아이일 때 그는 비범했다. 사람들은 그에게 이렇게 묻곤 했다.

"우리 꼬마 도련님, 아버님은 건강하시지?"

그러면 아이는 일말의 주저함 없이 이렇게 대답한다.

"마레지구, 샤를로 가 45번지."

"어머님은 어떠시냐, 아직도 시골에 계시니?"

"마레지구, 샤를로 가 45번지."

"곧 돌아오실 예정이니?"

"마레지구, 샤를로 가 45번지."

새로운 질문을 할 때마다 아이는 끈질기게 제 집 주소로 대답한다. 다른 대답을 끌어내기란 불가능하다. 그 이상은 설명할 수도 이해시킬 수도 없다. 이쯤에서 아이를 놓아준다. 그것이 우리가 할 수 있는 최선이다.

만일 그의 아비가, 즉 방금 우리가 근황을 물어보았던 바로 저 아이의 아비가 불행하게도 무언가를 착각하거나 틀리기라도 한다면—이 가련한 양반은 사는 내내 명사 하나를 똑바로 발음할 줄 모르니, 사실 그런 일은 자주 일어난다—이 작은 도련님은 곧바로 아비의 실수를 지적하고 고쳐준다. 이는 아이에게 세상의 빛을 보게 해준 장본인에게는 매우 불쾌한 일이다. 그러나 뭐라고 할 말은 없다. 그의 어미는 이를 매우 사랑스럽게 보고, 아들에게 온갖 감미로운 애칭을 아끼지 않는다. 그에게 아들은 '소중한 보물'이고, '사랑의 신'이며, '엄마의 병아리'이자 '기쁨의 술탄'이다. 그는 아이에게 다정

33

한 눈물을 쏟아붓고 자신에게 가능한 가장 부드러운 손길로 아이를 어루만진다.

우리*는 다섯 살 때 식탁에서 후식을 먹으며 까마귀나 여우에 관련된 우화시를 암송했다. 조금 더 지나면, 프랑스의 왕과 왕비, 대공과 왕녀들의 이름을 외웠다. 이후에는 거리와 교차로, 광장, 주요 장터와 시장, 전국의 도청 소재지의 이름, 해를 멈추게 했던 여호수아가 이 비참하고 눈물에 찬 계곡을 떠나 더 나은 세상으로 간 그날의 연도, 날짜, 시각을 말했다.† 우리는 열여덟에 우등상을 아슬아

---

* 작가는 묘사 대상에 대해 줄곧 거리를 두다가도 간혹 갑작스럽게 이것이 '우리' 혹은 '당신'의 이야기임을 드러낸다.

† 모세의 후계자 여호수아가 해와 달을 멈추게 한 사건은 구약성서 여호수아기 10장 12~14절에 등장한다: 〈주님께서 아모리족을 이스라엘 자손들 앞으로 넘겨주시던 날, 여호수아가 주님께 아뢰었다. 그는 이스라엘이 보는 앞에서 외쳤다. "해야, 기브온 위에, 달아, 아얄론 골짜기 위에 그대로 서 있어라."그러자 백성이 원수들에게 복수할 때까지 해가 그대로 서 있고 달이 멈추어 있었다. 이 사실은 야사르의 책에 쓰여 있지 않은가? 해는 거의 온종일 하늘 한가운데에 멈추어서, 지려고 서두르지 않았다. 주님께서 사람의 말을 그날처럼 들어주신 때는 전에도 없었고 후에도 없었다. 정녕 주님께서는 이스라엘을 위하여 싸워 주신 것이다.〉 성서에는 여호수아가 110세에 죽었다고 기록되어 있지만(여호 24:29) 정확한 사망연도나 날짜는 알 수 없다

슬하게 놓치고 학업을 마쳤다. 우리는 전문가처럼 그리스어와 라틴어를 읽고 쓸 줄 알았지만, 프랑스어 철자법에 대해서는 최소한의 개념도 없었다. 게다가 바른 어린이 예절‡의 첫 번째 규칙도 모르는 무지몽매함으로, 우리는 입안에 음식을 가득 담은 채 떠들고, 식탁 위에 팔꿈치를 얹었다. 우리는, 한마디로, 가련한 중생들, 끔찍하게도 조잡한 상것이었다.

예사로, 부르주아는 글씨를 잘 쓰는 편인데, 이는 그의 부친 덕이다. 아비가 한창 어린 시절부터 자식의 귀에 못이 박이도록 되풀이하는 이야기는, 비단 삶은 고기와 빵을 다른 것과 함께 골고루

(성서 학자들은 대략 기원전 1380~1050 혹은 1220~1050년으로 추정한다). 이 대목은 당시 부르주아 가정의 교육열, 역사적 사건과 연도 외우기에 대한 다소 맹목적인 집착을 풍자한 것으로 보인다.

‡ 원문의 표현은 "la civilité puérile et honnête". 이탤릭체라든가 기타 별도의 표시 없이 쓰였지만, 이는 당시 유행하던 부르주아 계급 어린이의 예절 규범서의 제목을 가리킨다. 이 책에는 청결에 관한 사항과 식탁예절, 가족간의 예절, 외출할 때나 남의 집을 방문할 때의 예절 등이 담겨 있다. (참조: *La civilité puérile et honnête expliquée par l'oncle Eugène*, illustrée par M. B. de Monvel, Paris; Plon, 1887.)

먹으라는 것뿐만이 아니다. 아비는 글씨를 잘 쓰면 무슨 일이든 성공한다고 늘 말하는 것이다. 이 아비와 의견이 같은 분들에게는 실례가 될 것을 무릅쓰고 말하지만, 그 생각은 틀렸다. 실상은 완전 그 반대다. 그것은 아주 많은 경우 불행의 씨앗이 될 뿐이다. 그것도 아주 큰 불행. 어쩌면, 한 청년에게 닥칠 수 있는 불행 중 가장 큰 불행이 바로 달필가가 되는 데 있다고도 할 수 있다. 애꿎은 데서 예를 찾을 필요 없이, 당장 관공서에만 가 봐도, 글씨 잘 쓰는 사람들에게 배당되는 직무란 무엇인가? 달필가들은 무슨 일을 하는가? 바로 발송계원 업무다. 달필가란 드문 존재이므로, 그는 그 자리에 계속 붙잡혀 있다. 다른 모든 분야의 영역에서도 이런 상황은 똑같이 적용된다. 약방에서 일하든, 석판술에 투신하든, 제철업계에 들어가든, 외교계에서 일하든. 따라서 애초에 왕좌라든가 그 비슷한 조건에서 태어나지 않은 한 부르주아가 달필이라는 불

---

*   작가 앙리 모니에의 개인적 경험이 반영된 대목이다. 모니에는 달필인 덕에

행을 떠안고 그 자신에게 흥미로운 일을 하며 사는 경우는 드물다.*

고등학교 졸업 후 법무부의 하급 직원 자리를 얻었다. 그러나 공무원으로 일했던 경험은 그에게 좋지 않은 기억을 남겼고, 결국 그는 직장을 그만두고 작가의 길로 들어섰다.

제3장

정치, 문학, 기타 여러 가지에
관한 이분의 의견

나의 지인인 부르주아가 그의 동류에게 이렇게 말했다. "내가 시금치를 좋아하지 않아서 대단히 다행스럽다오. 내가 시금치를 좋아했다면 그것을 먹어버릴 테고, 그러면 그 냄새를 맡을 수 없게 되잖소."*

국민군 경비대 활동을 하다 보면 이렇듯 자신의 의견을 단순하게 표현하는 프랑스인을 실컷 만

---

* 여기서 시금치(épinard)는 비유적인 의미로 '시금치 씨앗줄 견장(épaulette gland à graine d'épinard)'이라고 불리는, 상급 장교의 제복에 달린 견장을 뜻한다. 견장에 달린 금빛 술의 모양이 시금치 씨앗을 이어놓은 것처럼 생긴 것을 보고 비유한 것이다.

날 수 있다. 닭에서 나귀로 뛰는 화제의 비약들, 분별없는 요구들, 자신도 모르게 무지와 잘못을 고백하는 순진성, 어리석은 말들이 치안 유지 임무가 수행되는 그 엄중한 시간 중에 쉴 새 없이 쏟아진다! 사정이 이러하니, 예술가와 문인 중 제법 일반에 명성이 있는 자라면 경비대 활동에 대하여 반항적인 태도를 보이며, 경비를 서기보단 차라리 자유를 잃는 쪽이* 낫다고 여긴다.

"아무개 씨! 실례하오, 근데 내가 도무지 당신 이름을 기억을 못 하니. 아무튼 요전번 전시회 때 당신이 웬 괴상한 물건을 내놓지 않았소. 그게 내 마음에는 전혀 들지 않았다는 말이오. 물론 내가 그 분야에 정통한 것은 아니지만. 솔직히 하나도 이해를 할 수 없었단 말이오……. 기분 나빠하지는 마시오. 그냥 받아들이는 척만 하면 되지. 그렇지 않으면 중대 동료들에게 고약한 인물로 통하게 될 거요.

---

*　당시에는 국민군 자격 해당자가 병역 이행을 거부하면 며칠간 구류를 감수해야 했다.

말하자면 사람들에게 호인으로 보이지는 않을 거란 말이오. 물론, '카데 루셀'† 이래로, 사람들이 호인이란 말을 남용하는 건 사실이지. 남에게 빌붙으려고 말이오. 지팡이와 모자를 가져가고, 손수건을 빼가고, 책이며 장화며 우산을 빌리고, 뭐 그런 식이지. 그러니 나로서는, 길모퉁이를 돌다가 내가 아는 호인들과 마주치기보다는 내 빚쟁이 중에 가장 참을성 없는 자를 떡하니 만나는 쪽이 낫다고 생각할 정도요."

이번에는 다른 부르주아가 유행 중인 이 작품의 제작자에게 다음과 같이 말한다.

"당신 작품이 내 마음에 쏙 들었소. 내가 좀 직설적인데(선량한 사람이 모두 그러하듯), 나는 어리석은 짓을 좋아하거든. 내가 전혀 이해할 수 없었던 당신

---

† 카데 루셀(Cadet Rousselle): 18세기 이래 유행하던 민중가요의 제목으로, 그 가사는 역사적으로 실존했던 인물 기욤 조제프 루셀을 정감 있게 희화화한다. 루셀은 오제르 시의 법원 정리(廷吏)로서 기벽 있는 인물로 유명했는데 노래의 후렴구는 다음과 같다. "아! 아! 아! 그래, 정말로, 카데 루셀은 호인이지!" 이때, 이름 앞에 붙은 '카데(cadet)'는 막내, 혹은 하급자라는 뜻이다.

의 심오한 작품들보다 그게 훨씬 좋았소. 재치란 나
한텐 성가실 뿐이오. 바보짓이 재미있지."

옳으신 말씀! 그리고 드디어 한도를 넘어선다.

"그런 작품을 해서 얼마나 버시오? 돈을 벌면
그걸로 뭘 하시오? 파티를 벌여서 탕진하나, 아니
면 이런저런 놀이에?"

부르주아는 모든 신문을 읽는다. 그렇다고 저
널리즘에 대해 품는, 이유를 잘 알 수 없는 집요한
증오심을 멈추는 건 아니다. 카페에서 부르주아는
그의 눈에 띄는 종잇장을 모조리 붙들고 늘어진다.
종업원이 그중 하나라도 보여 달라고 요구했다가
는 제대로 냉대를 받기 일쑤다.

파리의 부르주아는 언제 어느 때나 세상의 질
서에 대해 가장 신실한 애착이랄까, 가장 깊은 곳
에서 우러나는 존경심을 표현해왔다. 그들은 자신
의 애착을 파리 용기병에서부터 헌병대에게로, 그
리고 헌병대에게서 시㐃경찰대에게로* 유유히 옮길
줄 알았고, 어느 체제 아래에서나 행복의 요건을 찾
아냈다. 그들은 폭동과 소요를 싫어한다. 그러나 그

런 시국에 벌어지는 일들을 구경하는 것은 매우 편
히 즐기기 때문에, 그들은 소요 상황에서 구경꾼 수
를 불리는 일에 반드시 한몫한다. 어느 부르주아가

＊　　19세기 초 정치적 격동기에 각 체제 권력을 뒷받침하던 파리의 주요 치안
　　　조직들이다. 이 맥락에서 '파리 용기병(les dragons de Paris)'이란 1806년
　　　나폴레옹 1세가 창설한 황실 근위대 소속 기병대(le régiment de dragons
　　　de la Garde impériale)을 가리킨다. 나폴레옹의 이 친위대는 1815년 황제
　　　의 몰락과 함께 사라졌다. '헌병대(la gendarmerie)'란 현재까지도 존재하는

그의 신병을 확보하여 유치장으로 끌고 가던 헌병 대장에게 다음과 같이 점잖고도 아름다운 대답을 들려준 바가 있다.

"무슈*께서 오해하신 겁니다. 경찰은 악인들만 체포하지 않습니까?"

그들은 아루에 드 볼테르를 높이 평가하지만, 그의 그룹에 들어가려 하지는 않았을 것이며, 사실 볼테르보다 졸리오 드 크레비용을 더 좋아한다.[†]

프랑스의 가장 오랜 전통의 치안 조직으로, 중세 때부터의 기마경찰대(la maréchaussée)가 18세기에 이미 "la Gendarmerie de France"라는 이름으로 구체제의 치안을 담당했다. 그러나 여기서는 특히 1816년에 왕정복고와 함께 재조직되어 정치적으로 중요한 조직으로 떠오른 왕실 파리 헌병대(la Gendarmerie royale de Paris)를 가리키는 것으로 보인다. 이 엘리트 헌병대는 1830년 7월왕정의 출발과 함께 해체되었는데, 곧이어 일반 헌병대와 독립된 조직인 파리 시 경찰대 혹은 자치경찰대(la garde municipale)가 조직되었다.

* 무슈(Monsieur): 프랑스어로 남성을 부를 때 사용하는 존칭이다.

† 18세기 프랑스의 대표적인 철학자이며 작가인 볼테르(Voltaire, 1694~1778)의 본명은 프랑수아-마리 아루에(François-Marie Arouet)이다. 졸리오 드 크레비용(Jolyot de Crébillon, 1674~1762)은 극작가로서 당시 볼테르의 가장 큰 라이벌이었다. 대표작은 『아트레와 티에스트*Atrée et Thyeste*』(1707), 루이 15세와 그의 애첩 마담 드 퐁파두르의 총애를 받았다. 역시 작가였던 아들 '크레비용 피스(fils-아들)'과 구분하여 '크레비용 페르(père-아버지)'라고도 한다.

푸에르 인게니오수스 세드 인시그니스 네불로*Puer*
ingeniosus sed insignis nebulo—'재기가 넘치지만 터무니
없는 악동'. 크레비용의 학창시절 교사들은 그를 일
컬어 그렇게 말했다.‡

현시대 문학에 대해서라면, 부르주아는 그에
신경 쓰지 않는다. 그들은 오늘날 문학이 전체적으
로 자코뱅주의와 상퀼로티즘§에 물들어 있다고 여

---

‡   부르고뉴 지방 도시 디종 출신의 크레비용은 고향에서 예수회 중학교에 다
     녔다. 당시 예수회 교사들은 학교 명부에 등록된 각 학생의 이름 옆에 수식
     어를 붙이는 관습이 있었는데, 나중에 문법학자이자 번역가인 올리베 신부
     를 통해 이를 알게 된 크레비용은 선생들이 자신의 이름에 무슨 수식을 붙
     였는지 궁금해했다. 결국 올리베 신부의 도움을 얻어 알게 된 바로, 크레비
     용의 이름 옆에는 라틴어로 된 해당 문구가 쓰여 있었다. 이에 크레비용은
     크게 웃으며, 이후 만나는 사람들에게 자주 그 이야기를 했다고 한다. 이 에
     피소드는 크레비용의 작품집 서문을 비롯하여 후대 작가들이 쓴 전기적 기
     사 등에 자주 언급되어 유명해졌다.

§   자코뱅주의(jacobinisme)와 상퀼로티즘(sans-culottisme)은 둘 다 공통적으로
     정치적으로 가장 급진적이고 과격한 좌파 공화주의, 민주주의적 견해를 가
     리킨다. 자코뱅주의는 대혁명 당시 파리의 자코뱅 수도원에서 탄생한 모임
     인 자코뱅 클럽에서 그 이름을 딴 것으로 초기에는 브리소, 당통, 마라, 로
     베스피에르가 그 수장이었으나, 혁명이 진행됨에 따라 클럽 내에서도 가장
     좌파적 이념을 가진 로베스피에르의 산악파가 중심이 되어 비교적 온건파
     인 지롱드파를 축출한 후 완전한 급진적 혁명의 이념을 가진 집단이 되었
     고, 곧 이들을 중심으로 공포정치가 시작되었다. 상퀼로트란 그 역시 대혁

45

긴다.

　부르주아들은 아직도 황제의 야망이 너무 컸
다고 말한다. 그리고 그 야망과는 별개로 어쨌든 황
제는 보통 인간이 아니었다고들 한다.*

명 때 생겨난 용어로 구체제의 귀족을 상징하는 의복인 퀼로트(반바지)를 입
지 않은 민중을 가리키는 말이었으며, 동시에 가장 과격한 혁명분자들을 지
칭하였다. 로베스피에르의 독재는 바로 이들의 지지에 의해 힘입은 것이
었다.

* 　여기서 황제는 나폴레옹 1세를 가리킨다.

제4장

일요일, 부르주아의 일과

해와 달과 땅과 하늘과 별들과 그 밖의 온갖 것이 창조되는 데 엿새가 걸렸고, 이후 이렛날은 휴일이 되었다. 따라서 우리는 일요일에 쉬어야 하리라. 그러나 적잖은 사람에게 이날은 쉬는 날과 거리가 멀다. 부르주아, 특히 파리의 부르주아에게 일요일은 휴일은커녕 그 주에서 가장 할 일이 많은 날이다. 가엾은 양반들 같으니! 물론, 그가 이렇듯 애를 쓰는 것은 오로지 자신의 쾌락을 위해서이고 이는 틀림없는 사실이다. 그의 노고는 스스로 기꺼이 원한 것이다. 누구도 그 무엇도 이를 그에게 요구하거나 강제하지 않는다. 그렇지만 눈을 뜨자마자 지체 없이 몸뚱이를 침대 밖으로 내던져야 하고, 곧바로 악을 쓰며 날뛰기를 시작해야 하고, 그렇게 해야 마침내 원하던 쾌락을 얻을 수 있다는 것. 이는 어쨌거나 매우 피곤한 일이 분명하다.

"프랑수아즈!"

그가 있는 힘을 다해 소리치며 온 집안을 흔들어 깨운다.

"프랑수아즈! 이것 보게나, 서두르자고. 모든 성인의 이름으로 제발. 면도하게 따뜻한 물을 가져와."

"하지만 무슈, 잠시만요. (가엾은 하녀가 눈을 둥그렇게, 마치 피를 잔뜩 빨아 부푼 이처럼 둥그렇게 뜨고 대답한다). 기껏해야 이제 막 해가 뜨려는데요."

"이러쿵저러쿵할 것 없어. 우린 일곱 시에 약속이 있어. 그리고 나는 황제 자리를 준다 해도 우리가 기다리게 했다는 말은 듣고 싶지 않아. 어림도 없어, 황제 자리를 줘도 말이야."

"하지만 무슈, 아직 네 시도 되지 않았어요. 지금부터 일곱 시까지 시간이 있다고요."

"그러면 내 수염은? 젠장, 내 수염은?"

"마담께서는 아직 깨지도 않으셨어요. 채비하려면 끝이 없는 그분도요."

"부인은 내가 면도하는 동안 옷을 입으라고 해."

"무슈, 저도 제발 그러면 좋겠습니다."

"내 물은! 이 친구야. 내 물!"

"잠시만 기다리세요. 불을 피울게요."

"신이시여! 신이시여! 다 준비하려면 앞으로 백 년이 걸리겠구먼. 정말이지 자넨 별난 종자야. 이보다 간단한 일이 세상에 어디 있다고. 자, 보라고. 우선 성냥갑을 들어. 성냥갑 어디 있나? 아니 그럴 거 없이, 거기 그대로 있어. 내가 불을 피우는 게 뭔지 자네한테 한번 보여줘야겠어. 여기 있군. 성냥갑을 들고 이렇게 여는 거야. 그런 다음 성냥 한 개비를 꺼내고, 여기 거친 면에 대고 확 문지르라고. 학교에서 가르치는 대로 말이야. 그런 다음 불이 붙으면 여기 준비된 종이에 불을 옮기는 거지. 이때 신경 써서 탄炭을 종이에 같이 넣어줘야지. 아

무 항아리나 들고 물을 담아서, 아니면 주전자를 쓰
든지, 아무거나 상관없어. 그걸 불 위에 놓으라고.
알맞을 정도로 데워졌다 싶으면, 이제 물을 대야에
붓는 거지. 비누를 준비하고, 면도칼을 들고, 수염
을 깎으면 되는 거야. 아니 근데, 내가 여태껏 떠든
게 완전 헛일이 되었군. 이거, 맞지? 자네 지금 여
기서 도로 자고 있는…… 프랑수아즈……! 프랑수

아즈……!"

"네?"

"이거 봐, 내가 지금 자네한테 뭐라고 했지?"

"모르겠어요, 저는, 제가……"

"자네가 잠들었지."

"아이고 세상에! 정말이지, 아침부터 직접 불 피우는 걸 지켜보라고 절 깨울 일이 아니었지요."

"좋아, 그럼 난 아무 말도 하지 않은 걸로 하자고. 번거롭게 해서 미안하게 됐네. 나를 용서해주게."

"물론 용서해드리죠. 자요."

"정말 다행이로군. 자네에게 감사하네. 됐어!"

"또, 왜 그러세요?"

"자넨 정말 끔찍한 여자야. 끊임없이 내 주변을 맴돌며 놔주지 않는군. 착하신 주님의 축복이 있기를! 오른쪽 구레나룻을 막 친 참이야. 자네는 대체 그렇게 팽이처럼 돌고 있을 이유가 있나?"

"그러는 무슨요, 저를 깨워 당신께서 일하

는 모습을 보게 하실 필요가 있나요?"

"자네가 원한다면 그냥 더 자러 가게나. 그냥 날 가만 놔두기만 해."

"절대 안 될 일입니다. 보세요, 지금은 이렇게 똑바로 서 있잖아요."

출발할 때가 되었는데, 부인은 아직 준비를 마치지 않았다. 양재사가 왔다.

"방금 초인종을 울린 게 누구지, 프랑수아즈?"

"이 집 어른의 양복장이입니다, 부인."

"가서 우리는 지금 나가야 한다고, 다음에 다시 오라고 해."

"아니, 우리 마님께서 농담하시는 거겠죠. 그런 식으로 사람을 두 번 걸음하게 하다니요."

"이리 와서 옷 좀 입혀 줘. 너희 양복장이랑 우리는 6시 전에 볼일을 끝낼 수 없을 거야. 아, 안녕하신가요. 저는 이만 실례하고 제 방으로 갈게요." (그녀가 자리를 떠난다).

"안녕하시오, 실만 씨."

52

"안녕하십니까, 무슈."

"내 예복을 가져왔구려……. 아주 좋군…….
이 나사羅紗가 어떤 것 같소?"

"아주 좋습니다, 무슈. 아주 좋아요."

"그리고 비싸지도 않지."

"아주 좋습니다, 무슈. 아주 좋아요."

"어디 보자……. 이거 목을 파묻어서 좀 짧아

보이게 하는 것 같지 않소?"

　"아주 좋습니다, 무슈. 아주 좋아요."

　"아, 괜찮은 것 같소?"

　"아주 좋습니다, 무슈. 아주 좋아요."

　"뒤가 너무 벌어지지 않소?"

　"아주 좋습니다, 무슈. 아주 좋아요."

　"확실한 거겠지?"

　"아주 좋습니다, 무슈. 아주 좋아요."

　"좋아, 완벽하군. 그리고 내 조끼는, 전에 약속
했던 대로 화요일까지 받을 수 있는 거겠지?"

　"아주 좋습니다, 무슈. 아주 좋아요."

　"그럼 잘 가시오, 실만 씨"

　"아주 좋습니다, 무슈. 아주 좋아요."

　"안녕히 계십시오, 무슈." (양복장이가 나간다).

　(이 집 안주인의 입장).

　"자, 그 예복은 어디 있나요? 제가 좀 보는 게
실례가 되지는 않겠지요?"

　"여기 있소."

　"당신이 직접 입어서 보여줄 의향은 없으신가

요. 그렇지 않으면 이렇게 보여줘 봤자 보여주지 않는 거나 다름없어요. 나는 옷이 사람 손에 들려 있는 모양만 보고는 옷이 어떤지 알 수가 없어요."

"자, 이러면 마음에 드시오?"

"당신 도대체 뭘 입은 건가요?"

"몰라서 하는 소리요?"

"뭔지 알 수가 없는 옷이라 결론을 내리기가 어렵네요."

"파란색 예복이라는 거요."

"그걸 파란색이라고 부른다면……. 뭐, 그건 아무래도 좋다 치고, 그런데 이게 예복이라는데 르댕고트*이기도 하군요."

"그게 지금 우리가 예복으로 입는 옷이오."

---

*   르댕고트(redingote): 영국의 승마용 외투에서 기원한 의복으로, 명칭 자체도 영어의 '라이딩 코트(riding coat)'에서 유래했다. 목깃이 접히고 허리 부분은 다소 조이며 옷자락이 길게 늘어지는 단색의 남녀복이지만 후에는 여성복으로도 발전했다. 18세기에 처음 프랑스에 도입되었을 때는 여행복 내지는 농촌 의복이었으나 19세기에 들어 점차 세련된 도시 의복으로 발전했다. 그런데도 본래 프랑스식 예복에 비해서는 덜 정식적인 의상으로 간주되었다.

"거참, 난 그걸 발명한 사람에게 칭찬은 못 해 주겠군요……. 봅시다, 단추를 한 번 잠가 봐요."

"벌어지지 않소?"

"사실대로 말하자면 이 옷은 단정치 못하기가 지난번 예복보다 천 배는 더하군요……. 당신이 이 옷을 입을 때 제가 당신에게 팔을 맡기지 않을 거라는 건 확실하네요. 그랬다가는 만나는 사람마다 우리 둘 다 조롱할 테니까요. 상스럽고, 불쾌한 옷이에요. 나였다면 세상의 금을 다 준다 해도 이 옷을 입지 않겠어요. 도대체 그 양복장이가 무슨 매력으로 당신을 홀렸는지 난 정말 모르겠네요. 그렇게 멍청한 자도 없는데, 당신은 그걸 사랑스럽게 본다니까. 당신을 이해할 수가 없어요."

"못된 사람은 아니야."

"더 나쁘죠. 얼간이라고요."

약속 장소에 손님들이 차례로 도착한다. 개중에는 지각하는 사람이 있다. 먼저 온 사람은 늦게 온 사람을 질책하고 언쟁이 시작된다. 여기에는 각자의 자존심이 걸려 있다. 심술궂은 말들이 오간다.

"제가 전에도 말했지만 피톨레 부인께서는 제 시간에 오신 적이 한 번도 없어요. 어제오늘 일이 아니죠."

"죄송하지만 부인, 지금 뭐라고 하셨나요? 요전날 일곱 시 모임에 부인이 오후 다섯 시에나 오신 건 기억나시나요?"

"제가 아이들을 덜 챙겼더라면 그날 더 일찍 준비를 마쳤을 거예요. 그런데 불행히도 제가 아이들을 사랑한답니다. 제가 좀 웃기는 말을 하고 있지요, 저도 알아요. 그렇지만 뱉은 말을 바꾸지는 않을 거예요. 그러기엔 너무 늦었죠."

"그 말은 즉, 여기서 부인만이 좋은 어머니라는 뜻이군요. 다른 부인들은 못된 계모고요. 말씀 참 감사히 들었습니다. 다만 제가 그 감사를 부인께 표하지 않아도 된다는 허락을 구하고 싶군요."

부르주아는 제 지인들과 틀어지면 일단 자족할 줄 안다. 마땅히 그래야만 한다. 그는 여름에는 대로를 산책한다. 그는 여기저기 시선을 두지만 제대로 보지 않고, 무엇보다 생각을 하지 않는다. 그

는 요술쟁이 미에트 씨* 앞에서 잠시 걸음을 멈추는 것을 결코 잊어버리는 법이 없다. 우리가 기억하

---

*   1864년 샤를 이리아르트(Charles Yriarte)가 쓴 『거리의 명사들: 파리(1815~1863)』라는 책에는 '미에트(Miette)'라는 인물에 대한 이야기가 소개되어 있다. 이 요술쟁이의 공연 장소 세팅이라든가, 공연 시 실제 연설 내용은 상당히 자세하게 기록되어 있다. 미에트 씨는 물리학자로 소개되어 있지만, 책의 저자는 그가 '약장수' 일에 꽤 몰두했다고 적는다. 그는 25년이나 퐁뇌프에서 몇 발짝 떨어진 오귀스탱 강변에 자리를 잡고 '페르시아 가루'를 팔았다. 페르시아 대사 수하에 있던 한 관리와의 인연으로 그가 우연히 발견한 이 신기한 가루는 치아 미백과 입 냄새 제거, 충치의 진행을 막는 효능이

는 한 명예 요술쟁이인 미에트 씨의 공연은 우선 그
가 지닌 각종 칭호를 화려하게 펼치는 것으로 시작
한다. 그는 영업 허가를 받은 시민이며 도핀 가에
있는 집의 주인이고, 유권자이며 피선거인 자격을
갖췄다. 그리고 공연 마지막 순서에서 자기가 발명
한 치약 가루를 판다. 자신의 습관에 충실한 부르주
아는 언제나 같은 자리에서 말뚝을 박은 듯이 서서

있을 뿐 아니라 뛰어난 진통제이기도 했다. 그는 대단한 입담을 자랑하여
행인에게 인기를 얻었고, 도핀가 12번지에 주소를 두었던 그의 집에는 그
와 친분이 있는 문인과 예술가들이 방문하곤 했다.

미에트 씨의 요술 공연을 기다린다. 미에트 씨로 말하자면, 그 자신도 그의 부르주아 관객보다 결코 덜 충실하거나 덜 부르주아적이지는 않지만, 그들보다 덜 단순하고, 남에게 덜 속는 사람이다. 언제나 자신의 타이틀 열거로 공연을 시작하고 화장품 판매로 끝을 내되, 그가 공연 중에 요술을 부려 감추는 것은 오로지 그 자신의 속임수뿐이다. 일요일이면 그는 자신이 즐겨 하는 낚시를 하러 간다.

겨울이면 부인과 함께 식당에서 저녁 식사를 하고, 카페에서 여가를 마무리한다. 남편은 커피를 마시고, 부인은 아무것도 주문하지 않는다. 남편은 그의 조그만 커피잔을 두고 도미노 놀이를 한다.

그 후 모두 각자의 집으로 돌아가 즐거운 일요일을 보낸다. 돌아오는 일요일, 모두 같은 하루를 되풀이한다.

제5장

초상肖像에의 열광과
예술가와의 친분

무얼 하면 시간을 더 적절히 사용할 수 있을지 모를 때, 부르주아는 자신의 모습을 제작한다. 자기 모습을 만드는 것, 그것은 그들의 주요 관심사 중 하나로, 그야말로 하나의 강박, 절실한 삶의 요청이다. 특히 그들은 계절이 좋을 때 이에 대한 필요성을 더욱 강렬하게 느낀다. 부르주아는 자신의 거처를 새로 단장할 때 화가들을 부른다. 집을 단장하는 비용에는 그 집안을 장식하는 자신의 모습을 새로 단장하는 비용이 포함된다. 저택의 방을 수리하면, 그 방의 새 벽지 위에 걸린 오래된 초상화들이 모순거리처럼 두드러지는 사태를 방지하기 위해 그는 새 초상화를 주문한다.

마담은 자기 남편의 초상을, 무슈는 부인의 초
상을, 스무 개, 서른 개, 마흔 개씩, 종종 그보다 더
많이 소장한다. 사실 이는 끝이 없다. 이들은 지팡
이의 둥근 머리 부분이라든가, 우산과 양산의 손잡
이를 제 초상으로 장식한다. 초상은 또 가슴팍과 흉

의胸衣를, 자보*와 콜르레트†을 장식한다. 저택의 어

느 방 한구석 초상이 넘쳐나지 않는 곳이 없다. 심

지어 예술품의 존재를 기대하기 가장 어려운 장소

까지 우리는 그 집 주인의 초상을 하나 혹은 여러 개 발견한다. 옆모습을 그린 초상의 경우, 좀 나중에는 다게레오타이프*가 몇몇 이들에게 이미지를

---

*   다게레오타이프(daguerréotype): 최초로 상업화된 사진술로, 은판(銀板) 사진이라고도 한다. 이때 명칭은 다게레오타이프 기술의 발명자인 루이 다게르(Louis Daguerre, 1787-1851)의 이름에서 따왔다.

제공해주었다. 그러나 대개 우리의 무슈들은 사진 속 자신이 너무 추하고 어둡다고 생각해 더는 이 신기술을 이용하려 하지 않았다.

조각술과 조상술이 본래 머물러 있던 높은 영역에서 내려와 거리에 퍼지자 부르주아는 새롭게 열광할 대상을 발견했다. 곧, 사람들은 자신들의 불운한 육체를 온갖 수단을 동원해 활용하게 되었다. 즉 그것을 메달이니 흉상이니 소형입상 같은 것으로 만들었다. 일단 그처럼 멋진 길에 들어서자, 부르주아는 절대 멈추지 않았다. 그들은 자기 신체를 본떠 형상을 만들었다. 팔과 다리, 코 그리고 귀. 단 한 가지 그들이 원하지 않는 건 풍자적으로 희화화된 초상이었다. 그러나 무분별한 예술가들은 그런 작품을 인기 높은 가게의 진열창에, 당대 유명인들의 초상 사이에 끼워 전시했다.

가끔, 그들이 행동하는 모양새를 보면 부르주아들은 자기 힘이 미치는 모든 수단을 동원하여 예술가들을 자신에게 귀속되게 하려고 애쓰는 것처럼 보인다. 그런데 그들이 정말로 그러한 의도가 있었다면, 부르주아들은 그 목적을 달성하기 위해 상당한 어려움을 무릅쓸 수밖에 없다. 그들이 목적을 달성하는 게 실제로 가능하다면 말이다. 부르주

아들이 예술가와 가까워지기를 바라는 게 정말이라 하더라도—기실 나는 이에 대해 매우 회의적이

지만—예술가 쪽에서 그러한 바람을 들어주리라는 것을 기대하기 어렵다.

부르주아는 예술가의 사명을 이해하지 못하지만, 사실 부르주아의 사명에 대한 예술가들의 이해도나 포용력은 그보다 더 떨어진다. 예술가와 부르주아는 같은 언어를 사용하지만, 서로의 말을 이해하지 못한다. 예술가는 부르주아에 대한 선입견을, 아주 좋지 않은 선입견을 품고 있고, 이는 예술가를 대하는 부르주아 역시 마찬가지이다. 자연히 그들이 서로 관계를 맺는 방식은 늘 다소 불쾌할 수밖에 없다. 이 관계에서 더욱더 답답한 일은, 둘 중 한쪽이 돈을 지불하고 다른 한쪽이 그 돈을 받는다는 점이다. 사는 사람은 파는 사람에게 잔소리함으로써 자신에게 부여된 권리를 행사하고자 하는데, 그의 조언과 의견이 상대방에게 멀쩡히 받아들여지는 경우는 드물다.

부르주아는 매번 같은 동기로 예술가의 작업실을 방문한다. 그것은 여러 차례 되풀이되는 깜짝 선물로 아내나 애인에게 잘 보이고자 하는 마음에

서, 혹은 허영심, 혹은 이미 앞서 이야기한 것처럼,
'자기 모습을 새로 단장할' 필요를 충족시키기 위
해서다. 그리하여 그는 어느 날 아침, 누군가에게
추천 받거나 또는 지인 누군가의 초상화를 이미 보
아 알게 된 한 예술가를 찾아간다. 우리가 엿보게
될 이 방문은 다음과 같은 장면으로부터 시작된다.

작업실의 문을 열며, 사람 좋은 부르주아가 이
렇게 말한다.

"이보시오, 무슈. 나를 알지 않소?"

"아직까진 아니었습니다만, 무슈. 그러나 이제라도 뵙게 되어 기쁘겠습니다."

화가가 약간은 조소하는 듯한 투로 대답한다.

"그림을 그리시오?"

"그렇습니다."

"초상화 그리시오?"

"그렇습니다, 무슈. 수고로우시겠지만 좀 앉으시지요."

"그건 신경 쓰지 마시오. 채색화로?"

"그렇습니다."

"타바로 씨의 초상처럼?"

"타바로 씨를 아십니까?"

"타바로 씨를 아느냐고! 그것참 얄궂은 질문이구려. 우리는 누이 둘을 결혼시킨 사이랍니다.* 그러니 처남 매부 사이라고요. 나한테 당신 얘기를

---

* 사별한 아내의 언니나 여동생을 다시 아내로 삼는다거나, 이미 사돈인 집안이 다시 혼인 관계가 맺어지는 겹사돈의 경우를 말한다. 프랑스 구체제 하에서 이런 종류의 혼인은 금지되었으나 대혁명 이후 1792년 제정된 법은 직계 가족 간의 혼인이 아닌 모든 혼인을 허용했다, 따라서 이 글이 쓰인 당시에는 이러한 경우가 실제로 가능했다.

해준 것도 그요. 당신이 별로 행복하지 않은 걸 타바로 씨가 잘 알더이다. 그는 당신을 기쁘게 해줄 수 있다면 뭐든 해주려고 한다오. 그러니 발 뻗고 편히 주무시오."

"타바로 씨는 좋은 분이지요."

"아! 좋은 사람이고 말고요. 그럴 만한 가치가 없는 사람들한테까지도 좋은 사람이지요. 좋은 빵처럼 좋은 사람이지요, 어린애한테도 당하고 살 사람입니다. 그런데 당신은 그를 너무 붉게 칠했더군요."

"그렇게 보셨나요?"

"그렇게 보셨느냐고, 그렇게 생각하냐고! 내가 확실히 말하겠소, 그 그림은 너무 붉어요. 용납하기 어려운 수준이라고요. 보시오, 객관적으로 얘기해 봅시다. 이거 너무 붉지 않소?"

"저는 잘 모르겠군요. 그런데 제가 보기에는 타바로 씨가 원래 좀 혈색이 있는 편입니다만."

"그건 사실이오. 그렇지 않았다면 그를 아는 사람 모두가 애석했을 거요. 그렇지만 이 정도로 붉은

건 아니오. 설마하니! 상식적으로 이건 너무하지 않
소, 이건 완전히 주정뱅이 몰골이지. 아 참! 내 초상
화는, 가능한 빨리 하고 싶소만, 어떻습니까?"

"원하신다면 바로 됩니다만."

"그 말 그대로 받아들이겠소. 어찌 됐건 간에,
이러니저러니 할 것 없소, 타바로 씨는 너무 붉어
요. 이렇게 붉지만 않았다면 그 그림은 완벽했을 거
요. 그런데 그렇지 않지. 어디에 자리를 잡으면 좋
겠소?"

"무슈께 좋아 보이는 대로, 아무데서나."

"여기, 이 구석에서 합시다. 가능한 빛에서 멀
리 떨어져 있고 싶소. 나는 대낮의 빛은 거북해서."

"그렇지만, 무슈. 지금 계신 곳은 너무 어둡습
니다."

"그래도 괜찮을 거요, 걱정하지 마시오. 포즈
를 어떻게 잡으면 좋겠소?"

"좋으실 대로. 무슈가 가장 익숙한 자세를 취
해 보시지요."

"독서 자세로 할까요?"

"좋지요."

"책 한 권 있소?"

"여기 한 권 있습니다."

"그게 뭡니까?"

"볼테르의 『루이 14세의 세기』입니다."

"볼테르, 내가 꽤 좋아한다오. 그 양반은 커피를 많이 마셨지요. 재주도 많은 양반이었고. 그렇더라도 죽음을 피할 수는 없었지만. 그 양반의 책은 전부 내 서재에 가지고 있소만, 그것들을 읽지는 않아요. 읽기 시작하면 5분도 안 되어 잠들어버리거든. 자, 나는 뭘 읽을 때 보통 이렇게 하고 있소. 이게 내 독서 자세요.”

"책이 얼굴을 많이 가리고 있습니다."

"그래요? 그러면 이렇게 하면 낫겠소?"

그런데 우리의 부르주아가 막 언급한 그 독서

의 효력은 금세 발휘되었다. 그는 턱을 가슴팍으로 떨어뜨리고, 한순간 눈을 껌뻑거리고는, 거친 숨을 한 번 내쉬더니, 이내 화가가 다음과 같이 소리 쳐야 할 상황이 되었다.

"무슈! (린포르찬도*) 무슈!"

"아! 아……! 예, 예!"

"머리가 너무 기울어져 있습니다."

"맞는 말이요. 이러면 머리에 피가 쏠리지. 그러면 당신이 나를 타바로처럼 빨갛게 그릴 거요. 이러면 되겠소?"

"고개가 좀 너무 들렸습니다."

"어떻게 하길 원하는지 모르겠소. 내가 자주 취하는 좋은 폼이 또 하나 있긴 한데. 내가 겨울에만 취하는 자세요. 몸을 따뜻하게 만드는 모양이지."

"한번 봅시다."

"어떻소?"

"나쁘지 않지만, 얼굴이 완전히 숨어버렸는데요. 등을 그리기를 원하시는 게 아니라면 말이지요."

---

* 린포르찬도(rinforzando): 음악의 셈여림말로 하나의 음표나 화음을 급격하게 세게 연주하라는 뜻이다.

"우리 집이었다면 아무 문제가 되지 않았을
텐데. 당신이 내 뒤에, 지금 그 위치에서 그대로 내
얼굴을 거울로 볼 수 있을 테니 말이오. 좋소. 결국,
어디로 할까요?"

"괜찮으시다면 거기 그대로 가만히 있으십시
오."

"더 바랄 게 없지. 그렇지만 부탁하건대 제발

얼른 끝냅시다."

"됐습니다. 아주 멋지십니다."

"절대로, 내 얼굴을 붉게 칠하지 마시오. 실제 나는 그렇지 않으니까. 다행스럽게도, 내가 초상을 처음 그리는 건 아니니!"

"전에 초상화를 맡기신 적이 있으시군요?"

"있고말고! 했지, 내 초상하고 우리 안사람 것이고, 신물 나도록 했지! 자, 여기 내 코담배갑에, 보이시오? 내 셔츠에도 있고. 여기 내 지갑 안에도, 여기저기 다 초상화지. 그리고, 이게 참 멋진 건데! 이게 비보셰 것이오. 비보셰 그림을 본 적 있으시오?"

"아직 없습니다."

"한 번도 본 적이 없으시오?"

"전혀요."

"그래도 유명한 사람이었는데. 그때 최고 유행이었소. 모두가 비보셰한테 초상을 맡기고 싶어 했다고. 거의 맹목적으로 떠받들었지. 내가 이 초상을 하는 데 소少에퀴* 하나는 족히 들어갔다오."

"별로 비싸지 않았네요."

"일을 어찌나 빨리하던지! 작업실 앞에 사람들이 줄을 섰지. 이 비보세가 그렇게 한 재산 모았지. 그래도 죽을 때는 자선병원 신세를 면치 못했다오. 원래는 출신이 멀쩡한 사람인데도, 도무지 아무것도 할 생각을 하지 않았어. 생활이 엉망이었지. 당신네가 다 그렇듯이, 밑 빠진 독이었지."

"무슈……"

"보시오, 불쾌해하지 말고 상황을 바로 봅시다. 솔직하게 인정하라고요. 당신들이 하는 일이 제대로 된 직업은 아니지 않소. 게다가 당신이 그 일을 하는 건 부모의 뜻을 거스르는 짓이고. 거짓말은

---

* 에퀴(écu): 본래 성왕(聖王) 루이 시절에 제작된 금화를 가리키나, 이후 프랑스를 비롯한 여러 나라에서 쓰이는 동전을 가리키는 말로 쓰였다. 19세기에 들어서는 왕의 초상이 들어간 5프랑짜리 동전을 에퀴라고 불렀다. 다만 여기에서 특별히 '소(小)에퀴'로 번역한 "petit écu"의 경우는 3프랑의 가치를 가진 옛 동전을 말한다. 해당 대목에서 부르주아는 정확한 금전적 액수보다는 막연히 '돈', '재산'을 가리키는 말로 이 단어를 사용하였으므로 그의 말은 '한 재산 들였다' 정도로 번역할 수도 있겠으나, 이 말을 들은 화가의 경우는 그것을 정확히 소에퀴가 가진 3프랑의 액수로 받아들여 응수하고 있다.

하지 맙시다."

"안 합니다. 전혀요."

"그래서 나는 이해를 못하겠소……. 왜 이렇게 편안한 기분이 드는지……. 알 수가 없다니까……. 초상화를 그리는 동안 늘 이런 상태가 되는데……. 어쩔 수가 없어……. 잠이 쏟아져서……!"

분명히 그로부터 오 분 후, 그는 잠들어 있었다!

제6장

예술인 부르주아

앞서 언급한 경우보다 결코 덜 한심하다고 할 수 없는 다양한 부르주아가 존재한다. 그중 자기가 좀 안다고 자부하는 예술 애호가 유형은 분명 가장 흥미로우면서 난감한 부류라고 할 수 있다. 그것은 치료가 불가능한 어떤 상처, 혹은 매 순간에 걸쳐 진행되는 골칫거리랄까. 항구적이고도 견딜 수 없는 악몽과도 같다. 가장 신랄한 풍자나 야유도 그들에게 타격을 입히지 못한다. 그것은 악어 등에 떨어진 총탄처럼 그들의 두꺼운 가죽 위를 미끄러져 떨어진다. 그들은 난공불락이며, 아무짝에도 쓸모가 없다.

예술가들은 이들 부르주아로부터 가장 무해하

면서도 쏠쏠한 재정적 도움을 얻길 바랐다. 하지만 이는 늘 헛수고였다. 마음에 들만큼은 아니어도 어느 정도 유용한 존재로 만들어보려고 했으나 무슨 수를 써도 그들을 한 발자국도 물러서게 할 수 없었다. 그들에게 이런저런 책임을 주기도 했지만, 일을 너무나 엉망으로 처리하기에 곧 포기해야만 했다. 그들을 작품의 모델로 삼아보려고도 했지만, 가만히 제자리를 지키고 앉아 있을 위인들이 아니었다. 결국 악마에게나 가버리라며 쫓으려 하자, 이번에는 도무지 움직일 생각을, 손가락 하나 까딱하려 들지 않는 것이었다.

예술가에게는 자신의 후원자를 자처하는 부르주아야말로 소화하기 어려운 불량식품과도 같다. 그는 우둔함과 무례함, 쓸모없음의 네크 플루스 울트라*이다. 대단한 귀족 나리를 흉내내지만, 국어조차 정확하게 구사하지 못한다. 당신이 친절하게도

---

*   네크 플루스 울트라*nec plus ultra*: 라틴어로 '더 나아갈 수 없는 경계'라는 뜻으로 일정 수준을 넘어 '최고 수준'에 이르렀을 때 쓰는 표현이다.

그를 '아무개 씨'라고 불러주면, 그는 당신을 '이 친구야' 하고 부른다. 그는 저녁 식사를 대접하거나 이런저런 일로 사람 초대하길 좋아하고, 말 여러 필과 승마 장비를 소유하고 있지만, 그림은 사지 않는다. 그다지 사람의 관심을 끌지 않는 그의 부인은, 말을 하지 않음으로써 모임 참석자 중 몇몇의 눈에는 제법 재녀로 보이기도 한다. 그러나 실상은 파리 중앙시장의 뚱뚱한 정육점 주인 딸이, 국민군 대대장의 감투를 쓰고 있는 남편의 파트너로 궁정 무도회에 드나들 뿐이다.

국민군 지휘관께서는 그 자신이 따로 비용을 들이지 않고 소유한 아름다운 그림과 조각, 멋진 화보 및 카탈로그들을 가지고 있는데, 그는 기회만 되면 이 온갖 것을 일말의 아쉬움이나 거리낌 없이 처분할 용의가 있다. 그의 아내, 처제, 아이들은 모두 각자 자신의 화보를 갖고 있다. 화가들을 집요하게 조르고, 그들의 무력함과 될 대로 되라는 태도의 덕을 본 결과이다. 후원자께서는 개의치 않고 밤이고 낮이고, 시도 때도 없이 예술가를 찾아 들이닥친다.

게다가 그 뒤로는 그들의 개, 친구, 정부들이 줄줄이 따라온다.

그들을 막아서는 건 아무것도 없다. 그들은 머리에 모자를 쓰고 입에 여송연을 문 채 명을 내리고, 그들의 방문은 예술가를 가정의 즐거움으로부터, 혹은 집안 화롯가의 따스함으로부터—뭐가 됐든 그들은 상관치 않으니—앗아가고야 만다. 그들은 예술가를 들볶고, 몰아대고, 해친다. 이 가난한 청년은 차라리 호된 근무직의 괴로움을 겪는 편이 나을 것이다. 그러나 그는 단호한 결심을 하기에는 너무 게으르고 태평해 그저 잠자코 있기를 택한다. 자신만큼이나 약하고 무기력하며 또한 선량한 동료들에게 제 고통스러운 사정을 이야기하는 것으로 스스로를 위안한다.

후원자는 당신의 사업 문제와 관련해서만 비집고 들어오는 게 아니다. 그는 자신의 취향, 자신의 양재사, 자신의 의견을 당신에게 강요하고, 약간의 틈만 주면 모든 사안에 대해 충고한다.

"자네 6개월 전에 밑그림 잡아놓은 그 그림은 언제 완성할 작정인가? 자네는 도통 달라진 게 없구먼: 한 번에 스무 가지를 시작하고, 하나도 끝을 내는 게 없어. 그런 식으로는 거지꼴을 면할 수가 없네. 이건 기정사실로 받아들여야 할 거야."

"자네는 한 번도 내 말을 들으려고 하지 않으니, 계속해서 어리석은 짓만 하는 거라네."

"그건 그렇고, 모某 씨가 나한테 얘기해준 건데

85

말이야, 누구였는지 잊어버렸어! 그게 사실인가? 자네가 결혼한다는 게?"

"사실입니다."

"아니, 무엇 때문에? 이 친구야, 차라리 목을 매는 게 나을 걸세. 이건 다 자네를 위해 하는 말일 세. 절대로, 자네 같은 사람들이 결혼 같은 걸 하려고 하면 안 되지 않는가!"

그 후 어느 날 이 후원자는 자취를 감추고, 당신은 영영 그의 소식을 들을 수 없게 된다. 후원자는 파산했다. 돈을 떼먹고 달아나버린 것이다.

제7장
자만

바니타스 바니타툼, 옴니아 바니타스![*]

　우리의 부르주아가 어찌 이 모든 헛됨 가운데 작게나마 자신의 몫을 갖지 않겠는가? 그가 우쭐해 하는 모습을 보라, 그가 미소짓는 것을, 가슴을 내 밀고 머리를 뒤로 젖힌 모습을, 마치 사랑에 빠진 사람처럼 눈꺼풀을 반만 뜨고, 양쪽 입꼬리를 들어 올리고는, 모자의 차양을 당겨 오른쪽 눈을 슬쩍 가

---

[*] *Vanitas vanitatum, omnia vanitas.* 구약성서 전도서 1장 2절의 라틴어 문구로, '헛되고 헛되니, 모든 것이 헛될 따름이라'는 뜻이다. 이 유명한 구절은 서구 유럽의 문학 및 예술에서 보통 해골의 이미지와 함께 '메멘토 모리*memento mori*('네가 죽을 운명임을 기억하라')'의 메시지를 상징하는 문구로 자주 이용된다.

리는 모습을. 그가 이처럼 거만한 이유인즉슨 자신이 전날 예측한 오늘 날씨가 정확히 맞아 떨어졌기 때문이다! 그리하여 이제 그가 토요일, 들놀이를 나갈 셈으로 벌써 즐거워하며 들떠 있는 그의 가련한 이웃을 찾아와 일요일에 비가 오리라는 자신의 예보를 알리면, 그는 사람들 사이에서 일종의 흉조凶鳥와 같은 명성을 누리게 된다. 이 예보는 다름 아닌 그의 각적角笛*이 알려준 것인바, 그가 만사를 판단하는 척도로 삼은 이 뿔피리의 탁월함은 단 한 번도 그를 배신한 적이 없다.

그는 또 이렇게 말한다.

"내가 조국을 조금만 덜 사랑했더라면 우리 집 형편이 확 피었을 텐데."

그러고는, 아무도 무슨 수를 동원해서 그렇게

---

* 각적, 즉 뿔피리는 본래 사냥이나 전쟁 중에 적의 출현을 알리거나 군대의 규합을 위해 신호하는 용도로 사용되어 왔다. 프랑스의 문학 전통에서는 중세의 무훈시 『롤랑의 노래』의 최후에 등장하는 뿔피리 장면이 유명하다. 샤를마뉴 대제의 조카인 롤랑은 스페인을 무어인들의 세력에서 해방시키기 위해 삼촌과 함께 떠났던 전쟁에서 귀환하는 길에 피레네에서 기습 공격을 받고, 죽기 전에 뿔피리를 불어 샤를마뉴 왕에게 적의 출현을 알렸다.

되었을 것인가를 구체적으로 물어봐 주지 않으므로 그는 기꺼이 자문자답한다.

　"런던에 가서 일을 어떻게 꾸미는 것인지 보여줬겠지. 영국 사람들은 재능을 대우할 줄 아니까 (사실 이보다 옳은 말도 없다), 금세 한몫 벌어서 마차 바퀴를 굴렸을 거요.

　그렇지만 나는 내 나라를 사랑하니까."
　즉 이 나라, 프랑스와 그 프랑스의 온화한 하

늘은 그의 재능에 보답할 줄 몰라서, 비정하게도 그를 뚜벅이 꼴로 버려두고 있다.

　우리는 식탁에서 그의 아내가 '솔직함'이라고 부르는 그의 면모를 목격한다. 솔직함도 이 정도로 밀고 나가면 완전히 다른 것이 되는데, 그게 부인을 거북하게 하지 않는다. 본질적으로 자만심의 또 다른 발작인 이 솔직함으로, 그는 마치 늙은 배우와 같이 태연한 태도로 당신에게 다음과 같은 말들을 쏟아내는 것이다.

　"친애하는 타바로, 당신은 선량한 회계사요. 좋은 아버지고, 친구로서도 보기 드물게 충실한 사람이지. 그렇지만 자네의 멜론*은 도대체 써먹을 데가 없어. 특별하게 능한 데도 없고. 내가 언젠가 그걸 청과상에 팔아먹을 작정인데, 그보다 쉬운 일도 없을 거야."

　누구도 나보다 달걀을 알맞게 익힐 줄 아는 사람은 없다. ―헛되다.

---

* 　여기서 과일 멜론은 속어로 '머리통'을 의미한다.

당신이 백 프랑을 지불한 옷이 있는데, 나는 그보다 훨씬 더 싼 가격에 훨씬 더 질 좋은 것을 살 수 있다. ─헛되다.

나의 집은 근사하고, 거실은 더할 나위 없이 아름답다. 지인의 집 중에서 단 하나도 그에 비견될 만한 집을 본 적이 없다. ─헛되다.

나의 부인은, 훨씬 더 젊지만 결코 싱그럽지 않고 화사하지 않은 다른 여자들보다 천 배 더 낫다. ─헛되다.

누구도 그녀보다 양의 넓적다리나 강낭콩 요리에 능하지 못하고, 오 드 누아요[†]와 잼, 오이절임을 그녀보다 잘 담그는 여자는 없다. ─헛되다.

그녀는 세상에서 가장 팔이 예쁜 여자다. ─헛되다.

내가 풀지 못하는 수수께끼는 없다. ─헛되다.

[†]   오 드 누아요(eau de noyau): 증류주에 체리나 살구 등의 과일 씨를 넣어 만든 술.

　나의 시계로 말하면, 파리 안의 모든 시계를
다 준다 해도 바꾸지 않을 것이다. 어떤 것도 이 시
계를 따라갈 만한 것은 없다. ―헛되다.

　내 담배 향은 사향고양이의 체취보다도 우월
하다. ―바니타스 바니타툼…….

　나와 동갑인 사람이 나보다 창창하기는 어
렵다.

　바니타스 바니타툼, 옴니아 바니타스!

제8장

귀농 부르주아

도시의 소음 가운데서 생의 대부분을 보낸 부르주아가, 어느 날 아침 면도를 하던 중 자신의 둥근 배와 한 움큼씩 빠지는 흰 머리카락을 보면서, 이제 바야흐로 삶의 마지막 나날을 휴식과 은거에 바칠 때가 되었다고 생각하는 일이 종종 있다. 그에게 파

리는 더는 매력이 없다. 이곳에서 그는 불편하다. 숨이 막히고 걱정에 시달린다. 이른 시일 안에 이곳을 털고 떠날 필요가 있다. 그의 부인 역시 나름대로 고민을 해본 결과 그와 의견을 같이—아주 예외적인 경우로서—한다.

이때부터는 은퇴 계획만이 가정 내 유일한 관심사다. 그들은 이런 새로운 소식을 지인과 친한 사람들에게만 알리지 않는다. 전혀 친분이나 안면이 없던 사람들에게까지, 길에 지나다니는 사람이든 누구든, 그야말로 아무나 붙잡고, 모든 사람에게 자신들의 결심을 알린다. 그들은 어느 상점에 들어가기라도 하면 거기서 마주치는 불행한 사람들, 자신들과 달리 도시에 그대로 머무를 수밖에 없는 모든 이의 운명을 측은하게 여긴다. 그리하여 마침내 그들은 수도에서 수십 킬로미터를 떠나 새로운 삶을 살기 위해 채비한다. 그런데 이 채비하는 것을 보면 이들은 마치 세상 끝으로 가 식민지라도 건설할 듯하다.

가장 높은 산을 오르기 위한 신발, 급류를 건

널 때 필요한 긴 장대, 다양한 구경의 총을 비롯한 온갖 종류의 무기들, 낚시와 고기잡이 도구, 농기구들, 영농개론서와 식물학개론서. 8킬로미터 정도 떨어진 곳에 있는 강이 범람할 때를 대비한 소형보트, 사방에 풀어놓은 애완견과 사냥개 무리,

세계 곳곳에서 온 다양한 품종의 씨와 종자, 날이 더울 때 정원 나무에 달아놓을 그물침대들.

예전에 여기 있는 남자는 그가 걸치고 다니는
의복이, 반드시 호사스럽거나 우아한 것까지는 아
니더라도 적어도 깔끔함으로 남의 시선을 끌곤 했
다. 그러나 이제 그는 지저분하고 모양도 매무새도
없는 헐렁한 우플랑드* 차림에 머리부터 발끝까지
흙먼지를 뒤집어쓰고 있다.

---

*　　우플랑드(houppelande): 격식을 갖춘 의상으로 14~15세기에 남녀 모두 긴

그리하여 지금 그의 모습은 영락없이, 평생 자기네 마을의 종탑이 보이는 거리를 한 번도 벗어나 본 적이 없는, 작은 낫과 접목용 칼을 갖추지 않고는 외출을 해 본 적이 없는 촌부의 그것이다.

그는 예전에 국민군 복장을 걸치고 나폴레옹 시절 근위병 흉내를 내느라 무진 애를 썼는데, 지금은 시골 사람을 흉내내느라 애쓰고 있다.

옷옷으로 입었다(보통 여성용은 앞이 열리지 않고 옷자락이 늘어지는 형태인 점에서 남성용과 달랐다). 실내복으로서 소맷자락이 때로는 땅에 끌릴 정도로 길고 여러 장식을 달아 화려하게 입었으나, 19세기에는 소매가 넓은 두꺼운 나사 외투로 실용적인 의복이 되었다.

그의 부인으로 말하자면, 예전에는 늘 어딘가로 외출했으나 이제는 집 밖으로 발을 떼지 않는다. 그녀는 자기 집 수탉과 암탉, 거위와 오리들에게 둘러싸여 하루하루를 보낸다.

우리의 부르주아는 아침 동틀 무렵에 이미 자리에서 일어나 있다. 그는 하녀를 깨우고, 정원사를 깨운다. 할 수만 있다면 태양도 몸소 깨웠을 것이다. 그러고 나면 이제는 무얼 해야 할지 모른다. 그

는 시간을 죽이느라 온갖 짓을 한다. 자신의 소유지를 구석구석 돌아다니며 채소와 꽃에 물을 주고, 벌레를 잡고, 나무들을 손질한다.

포도나무의 가지를 치고, 무와 순무에 비료를 주고, 이런저런 초목을 괴롭힌다. 은퇴하고 쉬겠다는 결심을 하기 전에는 이 정도의 고생을 해본 적이 없었다.

그러나 그가 완두콩 싹을 틔웠다고 이웃에게

자랑하는 이날, 수많은 사람에게 손실을 주었던 간밤의 서리가 그에게만은 정중하게도 그 소유의 과수장의 꽃들을 피해서 내려주었고, 그의 아티초크*들도 무사하다고 말하는 이날은 얼마나 아름다운 날인가!

그가 자신의 아내에게 말한다.

"여보, 당신도 솔직히 인정하겠지. 여기서 우리가 마시는 공기가 생퇴스타슈 정도는 되지 않소?"

"아니라고는 하지 않겠어요. 그렇지만 당신이 두 시간 전부터 그렇게 꽃밭에 누운 듯이 뻗지 않았다면 이 생활이 훨씬 만족스러웠을 것 같군요. 점심 먹고 나서 그렇게 누워 있으면 좋지 않아요. 피가 머리로 쏠린다고요. 내가 할 말은 이게 다예요."

"그렇게 생각하오?"

"그렇고 말고요."

---

* 아티초크(artichaut): 지중해 연안 원산, 특히 남유럽에서 많이 나는 엉겅퀴 비슷한 채소로 꽃봉오리 부분을 요리 재료로 사용한다.

"거참! 당신, 아직도 파리를 떠난 게 영 찜찜한 거요?"

"나야 무엇보다도 내가 쭉 살던 방식이 좋으니까요. 그렇지만 그 때문에 시골이 싫다는 말은 아니에요. 나는 시골을 좋아해요. 그것도 많이요. 다만 우리가 너무 고립되지 않았으면 해요."

"파리에서 살 때보다 덜 고립된 것 같은데. 당신도 알지 않소."

"그거 알아요? 어제 찾아왔던 그 여편네는 좀, 내가 보기에 아무렇게나 말하고 단정 짓는 것 같더군요. 내내 명령 투로 말하는데, 나랑은 전혀 맞지 않아요."

"그 여자는 우리보다 시골에 오래 살았으니까, 당연한 거야. 그 여편네가 우리한테 잔소리를 좀 할 필요가 있다고 여기고 그렇게 하는 걸 나쁘게 생각할 것은 없어."

"당신도 알죠? 대체로 난 그 사람들 하는 게 마음에 들지 않아요."

"특히 그 남편 쪽 말이지. 당신은 어떻게 생각

해?”

“그에 대해서는 내가 얘기를 안 할 수가 없어요. 그 사람 참 끈질기게도 내내 입을 꾹 다물고 있더군요.”

“늘 그럴 거야. 자기 집에서도 다르지 않더군.”

“내가 그이라면 그냥 내 집에 죽치고 있을 거예요. 그건 그렇고, 손님이 왔었어요.”

“손님이라니, 누구?”

“주임신부님이죠. 당신이 석공을 만나러 간 사이에 찾아왔었어요.”

“그 사람 참 붙임성 있지!”

“석공 말이에요?”

“신부님 말이야.”

“아니라고는 안 하겠지만, 난 그분이 방문하는 게 이젠 좀 부담스러워지기 시작했어요.”

“무슨 말이야?”

“신부님과 만나면 늘 손에 돈을 쥐고 있어야 한다고요. 저놈의 종탑에 우리가 벌써 몇백 프랑은 보태지 않았나요. 저 종소리가 귓속을 두들기는 바람에 내가 나이보다 몇 년 더 일찍 귀를 먹고 말겠어요! 요전번에는 신학교 때문에 돈이 들어갔고, 그리고 오늘은 또 다른 일이죠. 끝이 없다고요."

"그래서 오늘 용건은 뭐였어?"

"당신에게 자리 하나를 맡아보겠느냐 물으러 오신 거였는데, 혹시 당신이⋯⋯"

"읍장을 하라고?"

"그건 아직 아니에요. 그렇지만 한 번은 하게 되겠죠. 당신이 제일 바라는 것이기도 하고. 솔직하게 인정해요."

"푸우!"

"이 양반아, 내 앞에서 아닌 척할 생각 말아요. 제발 좀. 그렇게 시치미를 떼면서도 배에다가 현장懸章*을 둘러매고는 황홀해할 거면서."

"다 쓸데없는 거야."

"내 앞에서 꾀를 부릴 셈인가요? 이 불쌍한 양

---

* 읍장이 몸에 두르는 띠. 현재도 프랑스에서는 선출직 공직자들이 프랑스 국기를 구성하는 청색(자유), 백색(평등), 적색(박애)의 삼색 띠를 어깨에 두르는 것이 일반적이다.

반아, 그렇게 뻔한 짓을."

"그래서 신부가 나한테 뭘 맡기려고 하던가?"

"교구 재산관리인 자리죠! 사실 그 얘기는 전부터 계속 나왔죠."

"그래서 당신이 보기엔, 재산관리인, 그 일이 나한테 맞을 것 같다는 거지?"

"내가 그렇게 생각할 만도 하다는 건 당신이 누구보다 잘 알 텐데요. 파리를 떠나올 때, 앞으로 어떤 자리도 맡지 않겠다고 당신이 말하지 않았나요? 감투 하나를 쓰고 나면 어떤 대가를 치러야 하는지 당신도 모르지 않잖아요. 여기서 자리를 잡자마자 마을 의회 의원이 되었죠. 덕분에 요전번에는 비가 세차게 퍼붓는 와중에 농토 측량을 하러 가야 했죠. 그 습지에 들어가서, 허리띠 높이까지 들어오는 물속에 발을 담그고 말이에요. 참 재미있었겠어요! 그리고 저녁이 되니 화룡점정으로, 측량한 내용이 다르다고 당신이 문제 삼았던 일꾼들이 몰려와서 밤새도록 문 앞에서 초인종을 눌러대고, 우리 배梨주와 포도주를 몽땅 먹어버렸죠. 그러고 보면 당신도 그간 정말 고생이 많았네요. 그렇죠? 문제는 허영심이에요. 당신이 계속해서 어리석은 짓을 하게 되는 데는 다른 이유가 있지 않아요. 당신이 코를 찡긋거리는 것만 봐도 난 알아요. 교구 재산관리회에 끼게 되어서 지금도 기뻐하고 있죠. 성체행렬 때 닫집 끄트머리 하나는 붙잡게 될 테니까.”*

---

* 가톨릭 전례 시 축성된 제병을 보호하기 위해 사용하는 덮개인 이동 닫집 (dais)은 보통 네 개의 기둥으로 받쳐지며, 각 기둥을 한 사람이 잡고 성체를 든 미사의 집전자와 함께 걸어가게 되어 있다. 한편, '관포(棺布)'의 끈을 잡는

　　"일요일에, 마을의 새 종을 명명하는 문제로
의논할 때, 생-랑베르 남작부인이 자기 부엌 냄비
들과 모나코 은화를 녹여서 만든 저 종 말이죠…….
그때 당신이 불안한 기색으로 소리를 질렀는데, 당

다'는 표현이 있는데, 이는 장례식 중 고인의 관을 들고 제단 앞으로 갈 때
관을 덮는 덮개의 네 귀퉁이에 달린 끈을 잡고 걸어간다는 뜻으로, 보통 끈
을 잡는 사람은 고인의 친족이나 매우 가까운 친구, 혹은 장례 참석자 중 지
위가 높은 사람이다. 즉 덮개의 끈을 잡는다는 것은 행렬의 중심부에 참여
할 자격을 얻는다는 말이다.

신의 끝없는 야망 그 속내가 다 드러났다구……."

"난 소리 지른 적 없어."

"당신이 이렇게 소리쳤다고요. '명명자는 누구로 하지?'"

"만약 당신이 그걸 한다면……. 그 종의 명명자가 된다면, 명명식 당일에 당신은 기껏해야 나를 한 번 쳐다봐 주기나 할까. 당신 모습이 얼마나 근사하겠어요. 이왕이면 여기서 정예 보병부대라도 하나 조직할 일이죠. 벌레 먹어가는 당신 예복에 바람 쐬기 좋은 기회가 될 텐데."

"부인, 미안하오만, 나는 이제 가야 할 것 같소."

"붙잡지 않겠어요."

"오늘 아침 프랑수아 피샤르가 가져온 저 땔나무를 쌓아야 하거든."

"그 피샤르 말이에요. 내가 보기에 사기꾼 기질이 다분해요. 조심하도록 해요."

"그는 정직한 사람이야. 내가 보장해."

"그랬으면 좋겠군요."

"빅투아르 여기 있나?"

"나야 모르죠. 아닐걸요. 어떻게 하면 일이 있을 때 그 애가 제자리에 있게 할지 모르겠어요. 아침에 내가 심부름을 보냈는데, 이것 봐요, 종일 걸린다니까요."

"아! 저기 오는군."

"빅투아르, 나랑 같이 장작을 정리하자."

"아주 좋아! 이게 진짜 장작이지. 파리 사람들

은 진짜 장작을 몰라. 대체 그 동네에서는 나무에다 뭘 섞는지, 불을 붙이면 온통 고통스러운 게 보여. 지방의 땔감은 경쾌하게 타는데, 파리의 땔감은 울면서 탄단 말이야."

시골에 간 부르주아는 말을 탄다. 그러나 워낙에 서툴러서, 우아함도 멋도 없다. 따라서 그는 곧 승마를 포기한다. 그러나 짐승, 말까지 포기하지는 않는다. 그는 언젠가 거기에 소형 이륜 포장마차를 달아 끌 생각을 하면서—그런 일은 일어나지 않는다—몇 년 동안 그 짐승을 먹이고 재운다.

겨울밤은 길다. 특히 시골의 겨울밤은 더 길

다. 무슈는 신문을 읽으며 졸고, 마담은 하녀를 야
단친다. 시골의 저녁은 그렇게 쓸쓸하게 흘러간다.

우리의 친애하는 마담께서는 지금까지 그녀를
찾아온 모든 사람을 너무 잘 대접해주었기 때문에,

이제 그녀는 누구도 만나지 않고 아무도 그녀
를 초대하지 않는다. 일요일에 남편과 함께 미사를
모시러 나가는 것 외에는 전혀 외출하지 않는다.

한편, 가련하고 의젓한 남편은 잠시도 쉴 틈
없이 그의 부인을 대상으로 한 온갖 괴롭힘 및 자잘

한 모욕의 반향과 여파를 받아낸다.

"자, 어디 한 번 봅시다. 저 브리앙테 씨가 내 앞에서 과연 모자를 벗을지 어떨지! 내가 저 양반을 쫓아냈던 게 얼마나 뿌듯한지 몰라요! 그리고 저 모리소 부인 좀 봐요, 어찌나 뻐기는지. 가만 놔두면 세상 모든 사람을 깔아뭉개고 말걸. 저 집 장남이 내 옆을 지나가면서 나한테 얼굴을 찡그렸는데, 당신 못 봤죠?"

"못 봤소, 여보."

"그렇지, 누가 나를 발로 밟아도 당신은 마땅하고 자연스러운 일이라 생각할 거예요. 그렇고말고. 신부님이 오늘 나한테 성찬식 빵을 주지 않으려고 하는 건 아닐까, 그런 생각까지 드네요. 그런데 당신 천천히 좀 가요. 이렇게 가려면 내가 따라갈 수가 없으니 당신 혼자 가요. 당신은 바스크 사람처럼 가고,* 나는 늙은 우편 조랑말처럼 헐떡거리며 성당에 도착하겠군요."

저녁이 되면 손님 두세 명이 찾아온다. 많아야 두세 명이라는 뜻이다. 그들은 그 집 안주인의 불편한 심기를 마주 대할 수 있을 정도의 용기가 있는 사람들이며, 즐거움을 찾기보다는 자비로운 마음에서 초대를 수락한 사람들이다.

그리하여 부르주아는, 줏대 없고 경솔한 사람으로 보이는 것을 피하려고 일단 시골에서 적당기

---

* 프랑스어에서 '바스크 사람처럼 간다'는 말은 '빠르게 오랫동안 걷다'라는 의미로 사용된다.

112

간을 살고 나면, 샀던 가격보다 훨씬 낮은 가격으로
집을 팔아치운다. 사실 집의 상태는 그가 산 이후에
여러 차례 보수 작업을 거쳐 괄목할 만큼 나아졌지
만, 이제 그런 것은 상관없다. 부인의 건강 상태가
진실을 가리기 위한 핑곗거리로 이용된다. 그는 도

미노 놀이를 비롯한 자신의 예전 습관들을 다시 찾
는다. 파리에서 옛 지인들의 무리를 조금이라도 되
찾고 나면, 부인도 옛 습관을 되풀이한다. 두 사람

다 전원생활의 따스함 같은 것은 영원히 포기한다. 그리고 약간 때늦은 감은 있지만, 다시는 그런 꿈을 꾸지 않으리라 단언한다.

제9장

배심원 부르주아

어느 날 영국인 박애주의자 한 명이 다음과 같은 공
리를 유행하게 했다.

사람은 자신의 동류에 의해서만 심판되어야 한다.[*]

언뜻 보기에 새로운 것 같으면서도 위안이 되
는 듯한 이 원칙[†]을 적용한 결과로 '배심원단'이라

---

[*] 이 문구 자체는 중세 이래로 전해져 온 프랑스의 오래된 속담이기도 하다.

[†] 영국에서 '동류의 배심원단(jury of one's peers)'의 원칙이 처음 세워진 것은
  1215년 선포된 대헌장 마그나 카르타(Magna Carta)로까지 거슬러 올라간
  다. 당시 "peers"란 말이 뜻했던 것은 사실 '귀족'으로, 자유인인 귀족이 왕

는 것이 고안되었다. 그것은 여러 명의 선량하고 정직한 부르주아가 나란히 자리 잡게끔 고안된 긴 나무 의자로, 이 부르주아들은 바로 거기에 걸터앉아 도둑을 심판하는 임무를 맡고 있다! 사실 우리가 바로 위에서 인용한 박애적 공리를 문자 그대로 따르자면, 도둑은 도둑만이 심판해야 하고, 살인자는 또 다른 살인자만이 그를 심판해야 하는데도. 그렇지 않다면, 말이야 바른 말로, 심판받는 자가 자신의 동류에 의해 심판된다고 할 수 없다.

이 아닌 동료 귀족에 의해 심판받아야 한다는 뜻으로 쓰였다.

배심원단의 구성에 대해 살펴보면, 그것의 고안자는, 과거 사법관 가운데 가장 양식과 식견을 갖춘 자를 골라 맡겼던 그 직무를 진짜배기 부르주아, 순종 부르주아들이 맡아 수행할 수 있게 매우 세심하게 신경 썼다.

이백 프랑의 분담금 혹은 재산세를 내고, 당신은 한 피고인의 인생에 대해 이러쿵저러쿵 말을 얹을 자격을 갖추게 된다. 혹은 어떤 상업용 문서 위조 사건에 대하여 해당 상인의 유죄 여부를 결정할 수 있게 된다. 설령 당신 자신은 문서 작성법을 전혀 모른다 해도. 그런 일이야 원래 너무 자주 있는 일이니 무슨 문제가 되겠는가.

배심 부르주아란 온화함과 잔혹함의 양면이 합쳐진 존재다. 즉 그는 신들의 법과 인간의 법을 무시하고 코담배갑 하나를 훔친 흉악범이라든가, 열두 장짜리 스카프 세트의 짝이 맞지 않게 만들어 버린 흉악범, 혹은 심지어, 자식에게 주기 위하여 빵 하나를 빼돌린 흉악범에 있어서는, 매번 매우 준엄하고도 냉혹한 모습을 보인다. 현행법을 따르자

면 이런 파렴치범들에게 겨우 5년의 감옥형을 선고
해야 함을 그는 매우 유감스럽게 여긴다. 반면, 한
도형수가 툴롱에서 탈출하여*

---

* 여기서 툴롱은 지중해 연안의 남프랑스 항구 도시 툴롱(Toulon)에 있던 교
  도소를 말한다. 범선과 대포의 발달로 상업적으로나 군사적으로나 갤리선
  이 크게 쓸모가 없어짐에 따라 갤리선의 노를 젓던 형벌은 프랑스에서 루
  이 15세 때 폐지되었다. 대신에 왕은 노역형에 처한 죄수들을 수용하는 시
  설로 대규모의 도형장을 세웠는데, 이는 본래 갤리선의 왕실 선적항이 있던
  툴롱에 설치되었다. 툴롱 교도소는 18세기 중반부터 19세기 말까지 프랑
  스에서 가장 크고 오래된 도형장으로서, 4천 명의 노역자를 수용했다. 빅토

제 아버지와 어머니를 죽였을 때, 부르주아 배심원은 그 재판에서 유죄 선고야 물론 내리지만, 이런 일에는 반드시 '정상참작할 만한 사정'이 있다는 의견을 덧붙인다.

우리가 보기에 정상참작이라는 아이디어의 등장은, 이미 온갖 종류의 코미디와 장난질이 가득한 이 시대의 농담 가운데 첫째 가는 농담 중 하나인 듯하다.

어느 날 당신이 친구 한 명을 매로 마구 때려서 죽였다고 하자. 여기에는 정상참작의 사정이 있다. 이는 필시, 당신이 오 분 동안 팔을 휘둘러 사람을 때리느라 자신의 팔을 혹사했다는 사정인 것이다.

혹은 당신이 모 신부의 사례를 따라 애인을 죽여 토막을 냈다고 하자. 배심원석에 선 부르주아는 열성을 다하여 당신을 비난할 것이다. 심지어 제법

르 위고의 『레미제라블』의 주인공 장 발장 역시 빵집의 유리창을 깨고 빵을 훔친 죄로 이 도형장에서 노역을 했다.

119

단호한 말로. 그러나 그는 곧, 방금 쏟아낸 비난만큼이나 성실하게 당신의 정상참작을 받아내려 할 것이다. 문제의 그 여인을 당신이 그처럼 잘게, 아주 잘게 썰었다는 점에는 심히 정상참작할 만한 여지가 있다. 그 대목을 그리 새삼스레 말할 필요가 있을까. 사실을 인정하자, 이 부르주아는 지금 즐기고 있다!

부르주아들이 소소한 도둑질에 대해 그처럼 엄한 이유는 단순하다. 그의 의도는, 어느 날 그 자신의 호주머니를 털어 코담배갑을 훔치려고 들지 모르는 무뢰배들을 겁주려는 데 있다. 즉 순수한 자기중심주의에 있지, 정의구현에 있는 것이 아니다. (지금 충격을 받았을 부인들께 심심한 유감을 표합니다).

그에 비하여, 일급 강도와 사기꾼을 대할 때 부르주아의 관용적 태도에 대해 말하자면, 그것은 더욱 미묘하고 순수한 이기주의의 산물이다. 그가 한 인간을 사형대로 보내기를 꺼린다면, 그것이 그가 읽는 몽상가들의 책에서 배운 박애주의적 사상, 사람들에게 새로운 교육의 수혜를 누리게 하고, 라마르틴 씨가 지은 시구의 아름다움을 감상하는 법을 가르침으로써 완전한 인간을 만들길 꿈꾸는 어떤 아름다운 감성 때문이라고 생각해서는 안 된다. 아니, 부르주아가 온갖 중대 범죄의 재판에서 끊임없이 저 '정상참작'을 부르짖는 것은, 전날에 그가 카드놀이를 하던 중 이렇게 떠드는 말을 들었기 때문이다. 한 인간을 사형장으로 보내고 나서 후회를 하게 되면 잠을 잘 자기가 어렵다고. 그런데 우리의 배심원은 무엇보다도 밤에 잘 자는 것을 중요시하는 사람인 것이다.

이 세상에는 여기저기서 꽤 많은 사람이 여전히 꼬마 요정의 장난이라든가 공기의 정령이라든가 하는 유령의 존재를 믿고 있다. 그리고 저 배심원은 사람 머리 하나가 잘릴 때마다 밤에 머리통 없는 몸통의 그림자가 침대 머리맡에서 카마르고*의

---

footnote
* 마리-안느 드 퀴피스 카마르고(Marie-Anne de Cupis Camargo, 1710~1770): '라 카마르고(la Camargo)'라고 불렸던 벨기에 출신 무용수다. 그녀의 춤은 매우 기품 있고 절제되었다는 평을 받았다. 음악가이자 무용 교사였던 부친을 둔 마리-안느는 브뤼셀의 왕립 극장에서 데뷔한 이후 벨기에 왕녀의 눈에 띄어 파리에 보내진다. 1726년 오페라 극장에서 데뷔한 그녀는 곧바로

춤을 추는 것을 보게 될 것을 두려워한다.

　그리하여 만약 이 부르주아가, 한 인간을 툴롱
이나 브레스트*로 10년이나 20년 형을 보낼 때마다
그 결정을 내린 사람이 조금씩 입맛을 잃게 된다는

대성공을 거두었으며 은퇴할 때까지 내내 인기를 누렸고, 이후 파리에서 죽
을 때까지 정숙하며 순탄한 삶을 살았다. 볼테르는 그녀에게 짧은 시(마드리
갈)를 헌정하기도 했다.

*　　프랑스 서부 브르타뉴의 항구도시 브레스트(Brest)에 설치되었던 교도소이

말을 듣는다면,

　그는 중재재판소의 재판관이 그의 공정한 의견을 구하기 위해 던지는 모든 질문에 매번 마치 합창대의 저음부 가수 같은 목소리로 이렇게 대답할 것이 틀림없다.

　"아니오. 그 점에 있어서 피고는 무죄입니다!"

　설사 그 피고인이 코담배갑을 두 개씩이나 빼돌린 괴물이라 해도 말이다.

　예로부터 전해지는, 아마도 솔로몬이나 산초 판사[†]의 말이라 해도 될 만큼 심오한 지혜가 담긴 한 오래된 속담이 우리에게 가르쳐주는 바, 사람은 각자 자기 일을 해야 한다.

　우리는 이 가르침을 특히 재판과 관련된 일에

　다. 1749~1858년까지 사용되었으며, 당시 툴롱교도소에 이어 프랑스에서 두 번째 규모의 도형장이었다.

[†]　세르반테스의 『돈키호테』의 등장인물로서 주인공 돈키호테의 종자. 돈키호테의 모험을 따라다니며 지나치게 과장된 이 기사의 상상력을 늘 이성적으로 고쳐주려고 애쓴다.

있어 숙고할 필요가 있다. 판사가 판사의 일을 하게 하고, 부르주아들은 부르주아로 놔두자.

박애 사상을 갖고 정의를 관용과 화합시키려고 하는 것은 분명 매우 아름다운 발상이다. 다만 불행히도 이 배심제의 결과는 대개 이러하다. 선한 부르주아 배심원은 흉악범 한 사람의 목숨을 구하여 사회에 재통합시킨다. 우리는 어차피 그가 이 사회의 자랑거리가 될 것으로는 기대하지 않지만, 그는 기대한 만큼 행실을 개선하지도 못하여, 종내에는 두세 명의 소시민이 추가로 피해를 보게 된다.

정상참작과 젤라틴*은 우리 시대에 획을 그은 두 박애주의의 소산이다. 이 두 가지의 발명자는 동일 인물일 것이 틀림없다. 최근에 밝혀진 바에 따르

---

* 19세기는 경제성이 높은 식품의 개발 연구가 활발하게 이루어진 시기였다. 정부의 연구 장려 분위기 속에서 프랑스 화학자 장-피에르-조제프 -다르세(Jean-Pierre-Joseph d'Arhet, 1777~1844)는 특히 식용 젤라틴에 대하여 각별하게 관심을 기울였다. 그러나 1840년대에 들어 젤라틴이 충분한 영양을 공급해주지 못하며, 이를 주식으로 섭취할 시에는 질소 성분을 함유한 다른 음식물의 공급이 필수적이라는 사실이 알려졌다. 다만 그 이유가 정확히 이해된 것, 즉 식용 젤라틴에 필수 아미노산의 하나인 트립토판이 결핍되어 있다는 것이 밝혀진 것은 20세기 초에 이르러서였다.

면, 그동안 젤라틴으로 만든 수프를 먹인 병자들은 아사했고, 때문에 근래 십 년 동안 추가로 죽어 나간 빈민의 수를 따져보면 무시무시할 것이라 한다.

자, 여기에다, 저 박애적인 배심원 제도와 정상참작 타령에 희생당한 사람을 모두 더하면 우리는 훨씬 더 무시무시한 숫자를 보게 될 것이다.

오늘날 살인자 한 사람이 단죄되기 위해서는 다음의 조건이 충족되어야 한다. 우선 그가 최소한

여섯 명은 죽여야 하고, 모든 범행을 그 자신이 인정해야 할 뿐 아니라, 그가 거짓말쟁이가 아니라는 평판이 필수적으로 곁들여져야 한다. 그렇지 않으면 우리의 박애주의자 배심원들은 그의 말을 신뢰하지 않을 것이며, 결과적으로 유죄 선고를 거부할 것이다. 훌륭한 영국의 부르주아들께서 아주 최근에 우리에게 그러한 실례를 제공한 바 있다.[*]

오 '박애'여! 너의 자매이며 너의 사촌인 '미덕'이라는 것과 마찬가지로, 너는 무의미한 이름에 불과하다!

---

[*] 실제로 당시에 특별하게 영국에서 화제가 되었던 중범죄자의 양형 사례가 있었는지는 확인하지 못했다.

제10장

부르주아 여인,
그 정신과 풍속에 관하여

말해두지만, 우리는 부르주아즈(여자 부르주아)를 별
도로 다루지 않고 슬쩍 지나가려는 의도 따위는 품
어본 적이 없다. 우리의 독자들은 그러한 중대한 누
락을 결코 용서하지 않을 것이다. 다만 부르주아즈
의 사고방식은 대체로 자기 남편과 같은 노선을 타

고 있으므로, 지금까지 우리는 매번 그녀들에 관하여 따로 설명할 필요를 크게 느끼지는 못했다고 하겠다.

부르주아의 반쪽인 부르주아즈는 집안의 여왕이며 여주인이다. 그녀는 지배하고, 이끌고, 잘라내고, 재단하고, 깎고, 썰고, 다시 썬다. 그녀가 말하는 것, 그녀가 하는 것은 모두 아름답고 좋다. 그녀는 누구에게도 복속되어 있지 않고 통제되지 않는다.

남편 되는 양반은 아무리 자잘한 것이라 할지

라도 감히 그녀에게 충고나 비판을 하지 않는다. 그런 경우는 거의 유니콘만큼 희귀하다. 그는 자기의 영역을 알고, 상대가 누구인지 알고 있다.

제대로 돌아가는 집안에서 마담은 속바지를 잘 챙겨입고, 장을 보고, 그 집의 돈줄을 쥐고, 이런저런 장사꾼 및 집안 물품의 공급자들을 직접 상대한다.

무슈는 아무것도 하지 않고, 아무것도 모르고,

아무것도 보지 않는다. 그는 마차의 다섯 번째 바퀴 같은 존재*이며, 그것이 바로 흔히 우리가 말 그대로 선량한 사람이라고 부르는 그것이다. 어느 날 그의 아내가 그에게 옷이며 물건 챙겨주기를 잊어버린다면 그는 한 달이라도, 아니 아마도 더 오랫동안 침대에서 나오지 못할 것이다. 그의 아내는 그의 슬리퍼를 늘 침대 아래에 놓아두는데, 만일 거기서 바로 그걸 찾지 못하게 되면 그는 이렇게 중얼거리고 만다.

"마누라가 잘라서 크라바트 쿠션을 만들었나."

그러고는 벗은 발로 일어나서, 물 배달부에게 가서 문을 열어주는 것이다. 배달인은 그의 허벅지에 물을 한 바가지 흘린다.

언제나 한결같은 부르주아의 흰 크라바트,

그리고 그의 괴물 같은 셔츠 깃은 부르주아즈

---

*   '쓸모없는 사람'이라는 뜻의 관용적 표현.

가 종교나 마찬가지로 강하게 집착하는 것이다. 사
랑하는 남편의 얼굴은 셔츠 깃 속에 푹 파묻혀, 멀
리서 보면 마치 잔칫날의 꽃다발 같다.

　한편 이 사랑스러운 부인이 집안에 들여놓기
를 줄기차게 거부하는 물건이 있으니, 그것은 저 재
앙과도 같은 발명품, 남편의 바지를 팽팽하게 잡아
당겨 괴롭히고 고문하는, 그를 피곤하게 하고 종내
에는 노화를 가속하고야 말 저 죄 많은 발걸이끈*
이다.

남편이 그처럼 생색내며 손님들에게 내놓는
이 오 드 누아며, 잼, 오이절임 등은 모두 그의 반쪽
이자 존경받아 마땅한, 부인의 작품이다. 그녀는 비

*　　발걸이끈(sous-pieds) : 발목 양쪽에 이어진 끈을 구두 아래로 돌려 매는 스
　　타일의 바지를 말한다. 오늘날의 발걸이끈이 달린 타이츠와 비슷한 모양을
　　연상할 수 있지만 실은 이 당시 남성복의 발걸이끈은 실용성을 목적으로 한
　　것이 아니었다. 오히려 몸을 구속하는 스타일로서 발걸이끈은 외관상 발을
　　작아 보이게 하는 효과를 내기 위한 것, 19세기의 부르주아들이 옛 귀족들
　　이 그랬던 것처럼 자신을 구별 짓기 위해 선택된 스타일이었다고 하는데,
　　이 대목의 묘사를 보면 그런데도 일반적인 부르주아 여인들의 의견이 그리
　　호의적이지는 않았던 듯하다.

단 이런 음식뿐 아니라, 자녀들의 윤리 및 종교 교육도 책임진다.

딸들의 교육에서 부르주아즈가 가장 많이 신경을 쓰는 것은 자세이다. 좋든 싫든 간에 딸들은 반드시 곧은 자세를 해야 한다. 어머니가 딸에게 말 한마디를 할 때 이 잔소리가 빠지는 일은 없다.

"안녕하세요. 부인, 요즘 건강은 어떠신가

요?"

"아, 참 친절하시…… . 멜라니, 똑바로 서서 걸으렴. 감기에 된통 걸렸었답니다."

"저도 그랬어요. 지금은 나아지셨나요?"

"훨씬 낫죠. 네, 부인…… . 멜라니!"

"겨울 동안 한 번도 놀러 오시질 않고!"

"이것 좀 받아주세요…… . 아, 애들 돌보느라 너무 바빴어요……."

"아이들이 너무 귀여워요."

"자세만 좀 똑바로 하고 있으면 말이죠. 그게 도무지 되지 안되나 봐요! 댁의 따님은 키가 크군요, 어머니 아버지를 닮아서."

"저도 매일 그 소리를 한답니다. 클레망스, 그렇게 구부리고 있지 말아라, 몸이 꺾여서 아주 두 토막이 났구나!"

이들의 아들들은 거의 제멋대로 산다. 엄마는 늘 아들에게 약하고, 아들이 라틴어를 배우길 바라지 않는다. 아들이 말썽을 부리면 매번 이렇게 말한다.

"그 나이에는 그렇죠."

아들에게는 모든 것이 허용된다. 혹 그들이 권리를 남용하지 않는가 하는 질문에 대해서는, 하느님만이 대답을 아신다. 이런 집을 방문할 때는 새 옷을 입거나 새 모자를 쓰고 가지 않도록 주의하자.

부르주아즈는 아이들에게 둘러싸이기를 좋아한다. 자녀들의 수가 부족하다 싶으면 조카들을 빌려오고, 이웃의 아이들을 빌려온다. 바로 이 마담들이, 일요일 저녁마다 고된 일과를 마친 뒤에 아이들을 끌고 걸어가다가, 한순간 같이 가던 일행의 무리에서 떨어져 길 한구석에 멈춰서고는, 대도시의 휴식과 고요를 깨뜨리는 다음과 같은 군중 집회를 벌인다.

"안녕히 가세요, 마리에 부인."

"안녕히 가세요, 부인."

"곧 또 봐요. 프로스페르, 친구에게 인사하렴. 그렇게 투덜대지 말고!"

"내일 제 솔 잊지 마세요."

"잘 쉬세요."

"저는 아침 내내 집에 있을 거예요."

"엄마, 집에 가요!!!"

"아, 부아세 씨, 애를 좀 안아주세요. 제 팔에 안겨 잠이 들었네요. 500킬로는 나가는 것 같군요. 그리고 혹시 모리소 부인을 보거든……"

"내일 같이 저녁 식사를 하기로 했습니다."

"오늘 안 와서 너무 아쉽다고……"

"꼭 전하지요."

"그리고 우리 너무 재미있게 놀았다고 해주세요. 폭풍이나 콩, 비둘기 얘기는 하지 마세요……"

"비밀 지키겠습니다."

"엄마, 집에 가요!!!"

"일요일에 봐요."

그때 한 아빠가 말한다.

"아니 이거, 우리 이렇게 헤어지는 건가요?"

"아이고 이런, 피뇰레 씨가 또 병이 도지셨구먼!"

"여기 계신 부인들을 제가 모두 한 번씩 포옹해드리겠습니다."

"엄마, 집에 가요!!!"

"이것 보세요, 피뇰레 씨, 장난 그만 치시고……. 아이코, 코가 박살 난 것 같아, 아니 내가 이런 말을 쓰다니!"

"뭘 그렇게 불평하십니까? 겨우 한쪽 볼에만 입을 맞췄는데!"

"이분이 어디서 이렇게 능청스러운 말을 배우셨을까, 여쭤봐도 될까요?"

"이건 배운 게 아니라 제 말이랍니다."

"보세요. 한 마디도 지지 않는다니까!"

"안녕히 가시오, 부인."

"엄마, 집에 가요!!!"

"또 만나요."

"주중에 올 건가요?"

"그러고 싶어요."

"목요일에 오세요."

"약속은 못 드려요."

"댁에 안부 전해주세요."

"전하고 말고요."

"잘 자요!"

"좋은 꿈 꾸세요!"

제11장

극장에 간 부르주아

극장 옆자리에서 부르주아를 만나는 것만큼 애석한 일이 또 있을까. 특히 그 자리가 박스석인 경우는 더 그렇다. 당신은 상상할 수 있는 가장 피곤하고 난감한 저녁을 보내기 위해 꼬박 대여섯 시간 동안 신체로는 75킬로그램, 정신은 250킬로그램의

무게가 나가는 한 남자를 내내 어깨로 버티기 위하여 그렇게도 비싼 값을 지불한 것이다.

극장에 오는 부르주아들은 두 부류로 나뉜다. 모든 것이 황홀하고 멋진 부르주아와 모든 것이 혐오스럽고 끔찍한 부르주아. 정말이지, 둘 중 어느 쪽이 더 성가신가 단정하기 어렵다.

전자, 즉 낙천가 부르주아는 매 순간 흥이 폭

발한다. 이 흥의 폭발을 곁에서 장시간 겪고 있자면 마침내 옆 사람은 아르날 씨의 연기 자체에*—그런 일은 불가능하다고 생각하는 사람도 있을 것이지만—혐오감을 느낄 수도 있다.

그는 일 분에 한 번씩 옆 사람의 팔꿈치를 밀며 이렇게 말한다.

"정말 좋은 작품이지요, 그렇지 않습니까! 어떻게 생각하십니까?"

"훌륭한 배우군요. 그렇지 않은가요?"

"이 극작가가 누구인지 혹시 아십니까, 무슈?"

"그리고 저 배우, 코가 큰 배우 말입니다, 누구인가요? 혹시 그의 이름을 정확히 알려주실 수 있겠습니까?"

"정말 감사합니다, 무슈."

---

* 에티엔 아르날(Étienne Arnal, 1794~1872): 비극 배우로 데뷔해 크게 성공하지 못하다가, 1827년 이후 보드빌 극장(Théatre du Vaudeville)과 바리에테 극장(Théatre des Variétés)에서 희극 연기에 재능을 드러내며 인기 배우로 활약했다. 1861년에는 『운문 농담집』이라는 시집을 출간하기도 했다.

"죄송합니다만, 저 여배우 말입니다, 누구인 것 같은데⋯⋯. 이름이 혀끝에서 간질간질한데 생각이 나지 않는군요⋯⋯. 마담 ✱✱✱."

"아닙니다. 그 배우는 오페라-코미크 소속이고, 여긴 앙비귀 극장입니다."*

운수 나쁘게도 혹시 그가 이 사람의 작품을 이미 한 번 본 경우라면, 도저히 그 곁에서 버틸 재간

---

*　극장 오페라-코미크(l'Opéra-Comique)는 '파바르 관(館)(salle Favart)'이라고도 불리며 파리 2구의 부아엘디외 광장(place Boieldieu)에 있다. 오페라 장르의 하나인 오페라-코미크의 성립이 바로 이 극장의 역사와 겹친다. 루이 14세 치하에서 1714년 설립된 이 극장은 본래 파리에서 열리던 연례 장터들에서 공연하던 여러 극단을 규합하여 창립되었고, 그중 주로 생제르맹 장터에서 공연하던 한 극단의 이름이 바로 오페라-코미크였다. 주요 공연 레파토리는 무언극과 기존 오페라 작품의 패러디였다. 현재 파리의 국립 극장 중 하나이다. 극장 앙비귀-코미크(Théâtre de l'Ambigu-Comique)는 바로 이 오페라-코미크 출신의 배우 니콜라 오디노(Nicolas-Médard Audinot, 1732~1801)가 1769년에 탕플 대로(boulevard du Temple)에 설립한 것이다. 오디노는 오페라-코미크를 떠나 꼭두각시 인형극을 주특기로 하여 '코메디앙 드 부아(Comédiens de bois, 나무로 된 배우들이라는 뜻)'라는 극단을 꾸려 장터 공연을 하며 인기를 끌었다. 시간이 갈수록 그의 공연은 꼭두각시의 역할을 실제 아이들 혹은 곡예사로 대체하기도 하고 보드빌, 드라마, 무언극 등 다양한 장르의 요소들을 혼합하여, 일 년 후에는 극단의 이름이 '혼합극'이라는 뜻의 '앙비귀-코미크'로 바뀌었다. 이 극장은 1966년 철거되어 지금은 옛 파리의 추억이 되었다.

이 없다. 그는 배우와 함께 노래의 후렴구를 부르고, 대사를 미리 알려준다. 그것도 큰 소리로. 막이 내리고 나면, 고문은 끝나기는커녕 더 심해진다. 그날 저녁을 즐기기 위해 제 생돈을 지불한 부르주아는 최종적으로 자신의 목적을 달성하기 위해 못할 일이 없다. 그는 당신을 불러 세우고, 질문을 늘어놓고, 설명을 요구한다. 이 모든 과정에서 그는 마치 당신의 오랜 친구인 양 스스럼이 없다. 그가 당신의 이름과 주소를 물어보지 않는다고 고맙게 여기지 마시라. 그것은 단순히 그가 거기에 관심이 없기 때문이다. 게다가, 당신의 신상을 물어보지 않는다고 자기 신상에 대해 신중한 것도 아니다. 당신은 원치 않게 그의 성과 이름, 나이, 지위, 이런저런 취향과 자잘한 생활 습관, 그의 정치적 견해나 문학적 견해 그리고 그 밖에도 다양한 걸 알게 된다. 그가 이 모든 것들을 당신에게 말할 이유가 전혀 없었지만……. 그리고 마지막으로 다음과 같이 덧붙인다. 나는 시금치를 좋아하지만, 그보다는 치커리를 더 좋아한다.

이 무슈는 워낙 예의가 바른 사람이기 때문에 그처럼 열성적으로 당신에게 담배를 권한다(거절은 소용 없다). 그가 혹 당신의 발을 제대로 밟기라도 한다면, 사실 그건 막간의 휴식 때마다 생기는 일이지만, 어찌나 미안해하고 죄송하다는 말을 반복하는지 당신은 아픈 기색을 내비치기도 어렵다. 그리하여 극이 끝나갈 때쯤에 당신이 그의 487번째 질문에 이렇게라도 한 번 대답할 수 있을지 우리는 감히 단언하기 어렵다.

"그런데 무슈, 당신은 사람을 너무 성가시게

하는군요!"

그런데 참! 운수가 지독하자니, 다음 날 당신이 만사가 불행한 부르주아의 옆자리에 앉게 된다면 당신은 전날의 그를 그리워하게 될 것이다.

이 무슈는, 보통 매우 밝은 금발 혹은 매우 짙은 흑발의 부분가발을 쓰고, 몸 여기저기에 류머티즘을 달고 다니는 특정 연령대의 사장님인데, 당신에게 한 마디도 말을 걸지 않는다. 그는 미안하다고 말하지 않으며, 사실 당신의 존재를 완전히 무시한다. 그는 공연이 시작되는 순간부터 끝날 때까지 이를 문 채 쉬지 않고 어리석은 말들을 웅얼거린다. 그는 배우를 욕하고, 음악가를 욕하고, 두 곡 사이에 문을 살짝 열어 자기를 들여 보내준 좌석 안내원마저 욕한다. 가스등, 난방장치, 그날 저녁에 먹은 양배추, 그리고 마지막으로 오늘 극장에 올 생각 따위를 한 자기 자신을 비난한다.

"하! 저게 그 위대한 배우인가!"

한창 인기를 얻는 배우를 보며 그는 이렇게 말한다.

"그래 저 친구가 그렇게 재미있다고 했단 말이지. 눈살도 찌푸려지지 않는군. 끔찍하게도 시시해. 아니 끔찍하다고 해야겠군. 저게 줄타기 광대지 뭐야. 어릿광대지. 가련한 친구야!"

"불쾌한 여자군. 저 여자를 보고 사람들이 미인이라고 하다니. 우아함이라고는 없고, 매무새도 없고, 보기 흉해. 대사 하나도 제대로 말하는 게 없구먼. 제발! 신이시여!"

"그런데 저 오케스트라, 참으로 열심히도 하는군……. 그렇게 세게 연주하지 말라고, 이 한심한 양반들아! 귀가 벗겨지겠어. 끔찍하군, 죄다 창밖으로 집어 던지고 싶어. 그런데 이 작품은 대체 뭘 말하려는 거지? 온갖 우스꽝스러운 것들은 도대체 뭘 따라 한 건지 궁금하군. 가슴 아프군!"

이런 사람의 옆자리에 앉은 사람에게 더욱 불행한 것은, 그의 말을 멈추게 막을 도리가 없다는 것이다. 그는 대답할 것이다—당신에게 하는 말이 아니라고!—매우 옳은 말이다.

지금까지는 미혼 부르주아의 경우였다. 유부

146

남, 집안의 가장이며 아버지인 부르주아의 경우, 그는 일 년에 단 세 번, 옆구리에 제 부인과 하녀, 다섯 명의 아이들을 끼고 극장에 온다. 아주 당연하게도 그는 앞선 경우보다 여덟 배나 더 성가신 이웃이 된다.

부르주아들은 배우들과 친분을 트고자 상당히 애를 쓴다. 그들이 작가보다 배우와 알고 지내고 싶어 하는 이유는, 혹시 공짜로 공연을 볼 수 있을까 해서다. 단 소위 '우대권'이라고 불리는 표는 사절이다. 이 표에는 추가로 내야 하는 금액이 구빈세救貧稅로 1프랑, 그리고 구극빈세救極貧稅로 또 1프랑, 거기에 할증이 붙어 또 1프랑이다.* 결과적으로 우대

---

*   '구극빈세(le droit des indigents)'라고 하는 것은 사실 앞서 언급된 '구빈세(le droit des pauvres)'와 지칭하는 대상이 동일하다. 프랑스에서 빈자(des pauvres) 및 극빈자(des indigents)의 구제를 명목으로 공연물 수입에서 징수하는 세금을 가리키며, 일반적으로 이는 단순하게 '구빈세'라고 부른다. 여기에 할증이 붙는다는 말까지, 이 문장은 결국 '구빈세 3프랑을 추가로 지불해야 한다'는 말을 공연히 야단스러운 어조로 분석하고 과장한 설명인 것 같다(실제로 이 당시의 구빈세가 자리당 3–3.40 프랑 정도였다). 17세기에 이미 코미디-프랑세즈나 오페라 극장에서는 빈자들을 위해 정기적으로 얼마간의 기부를 하는 것이 관습이었다. 1677년 파리 종합병원(l'Hôpital général de Paris: 구체제 하의 빈민 수용소였다)을 위한 코미디-프랑세즈의 기금이 의무화되

권 소지자는 매표소에서 35수*에 살 수 있는 4층 좌석에 앉기 위하여 3프랑을 지불해야 한다. 좌석 안내원은 그를 매우 퉁명스럽게 대한다. 계속 투덜거리면 경찰을 부르겠다고, 검표원이 으름장을 놓기도 한다.†

일반적으로 작가들이 제 친구에게 이런 종류의 우대권을 선물하는 경우는, 그 친구가 자기 아내에게 수작을 걸어서 복수하려는 의도가 아니고서는 매우 드문 일이다.

그런데 공짜 표를 얻으려고 하는 부르주아에 대해서 우리가 한 가지는 인정해 줄 필요가 있는데, 그가 요청하는 방식이 매우 독특하다는 점이다.

"친구, 내가 오늘 저녁에 ***의 연극을 볼 수

고, 여기에 법적효력을 부여한 명령이 1699년에 규정되었다. 이 세금의 적용은 나중에 시장터에서 열리는 공연물에까지 확대되었다.

*   1프랑 75상팀에 해당하는 금액(1수=5상팀).

†   극장 4층의 자리들은 가장 저렴한 가격에 판매되는 것으로서 소위 3등석이고, 따라서 이 층의 관객들을 대하는 극장 직원들의 태도가 다소간에 무례했을 것임은 쉽게 짐작이 가능하다.

있게 도와주겠나. 사람들 말로 아주 멋진 작품이라더군. 자네도 그런 종류의 것을 써보는 게 좋을 거야. 지금 하는 것보다 이쪽이 훨씬 더 격조가 있어."

소문난 어떤 작품의 얘기를 듣고 두 자리를 요구할 때도 있는데, 그런 때는, 그 부류 사람들의 특징이기도 한 그 뻔뻔하고도 확고한 태도로 이렇게 덧붙이기를 잊지 않는다.

"내가 보려는 건 아닐세. 난 소극장은 다니지 않으니까. 내 하녀에게 표를 주려는 걸세. 여동생이 파리에 왔거든."

그렇게 해서 부르주아의 하녀와 그녀의 동생에게 기분 좋은 선물을 할 수 있다는 것에 이 양반들은 그렇게도 흡족해하는 것이다!

그런데 대로에서 우리의 부르주아가 자기 부서의 책임자라든지 국민군 대장 등과 함께 있을 때 이런 배우나 작가들을 마주치게 되면, 그는 인사해야 할 상황을 피하려고 고개를 돌리고 상대를 못 본 척한다. 광대들과 교류한다는 사실을 주변 사람들에게 알려봐야 좋을 게 없다는 것이다.

하기야 어떤 부르주아들은 좀 덜 거만하다. 그들은 명성이 높은 배우와 알고 지낸다는 것에 황홀해한다. 내가 아는 이런 양반 중 한 명은 자신의 명함에 이렇게 새겨놓기도 했다.

베르들레. 베르나르-레옹 씨의 친구.

그들은 만나는 사람 아무에게나 자기 친구가 잠드는 시각, 식사하는 시각, 친구의 취향, 친구의 습관, 친구가 옷을 하는 양복장이며 모자장이의 주소, 친구의 고용주 이름, 친구의 나이, 그리고 생년월일을 가르쳐준다. 어떤 자들은 배우를 찾아가 그 집의 식객이 되는 데 주저가 없다. 그러고는 아주 굉장한 식성으로 친구를 물어뜯는다.* 이 마지막 이

---

* 이 문장은 이중적인 의미를 지닌다. 우선 바로 앞 문장의 의미와 이어져 친구인 배우의 집에서 식사 대접을 받으며 왕성한 식욕으로 먹는 것을 가리킬 수 있고, 다른 한편으로는 나중에 다른 자리에서 그 배우에 대하여 혹평을 함을 의미하기도 한다.

야기는 사실 매우 흔한 일이긴 하지만.

제12장

부르주아 군인과 군인 부르주아

국민군 재편성에 대한 논의가 제기될 때마다 부르
주아는 대단한 헌신과 열의를 보였다. 우리는 이 문
제에 관해 부르주아들에게 그들의 의무를 수행할
것을 결코 간곡하게 요청할 필요가 없었다. 사실 부
르주아는 그들 외의 사람들에게는 끔찍한 부역으

로만 보이는 그 일을 매우 근사하게 여긴다. 그들의 다정한 배우자가 아주 사소한 한마디조차 없을 수 없는 이 아름답고 고귀한 애국적인 단체가 존재하는 덕에, 이들은 거기에서 국가에 대한 의무를 수행하도록 규정된 24시간 동안 마음껏 뛰놀며 어리석은 짓을 할 자유를 얻는 것이다.

우리는 한 중대 전체가 순전히 도락가들의 집단인 몇몇 사례를 직접 말할 수도 있다. 이 무슈들에게 경계 근무를 선다는 것은 하나의 행운이요, 그 시간은 진정한 여흥의 시간이다. 그들이 임무를 수행하는 동안 순찰대는 수차례 질서를 흐트러트리지 않도록 주의를 주곤 한다. 그런데 본래 이들이 수행하는 임무의 목표가 그 질서유지에 있는 것이 아니던가.

"여, 잘 지내셨는가요. 우리 이제 경계 안 섭니까?"

자기 중대의 고수鼓手를 만날 때마다 부르주아는 이렇게 묻는다.

"아, 카르디날 씨, 마침 제가 댁에 소식을 전하

154

려던 참이었습니다만."

"그러셨나요. 언제나 대환영입니다."

"다음 주에 우리가 설 차례입니다."

"누구랑 하는지 아십니까?"

"그야 뭐! 늘 하던 사람들끼리 하게 되겠지요. 오늘 아침에 마르티네 씨를 만났는데, 술은 자기가 책임지겠다고 하더이다."

"마르티네 씨가 낀다면 걱정거리는 덜었소."

"지난 차례는 정말 편했지요. 그보다 더 낫기를 기대하는 건 힘들 겁니다."

"난 그렇게 웃어본 건 처음이었던 것 같습니다."

"편하고 유쾌했지요. 앞으로도 두고두고 떠올릴 겁니다."

"지휘는 누가 합니까?"

"샤플리에 씨입니다. 다른 분은 감기에 걸렸답니다."

"그것도 나쁘지 않군요. 샤플리에 씨도 호인이지요."

"신이시여, 정말이지 나라고 누가 더 좋다고 말할 수 있겠습니까? 그런데 이건 할 말은 아닙니다만, 우리 중대는 사실 군대가 아니에요."

"그건 그렇지요."

"중대가 아닌 중대입니다."

"그렇기도 하고 아니기도 한 거지요."

"더는 정의할 말이 없지요."

"달리 말할 도리가 없지요. 아니라면 귀신이 나를 잡아갈 일이오."

"모두가 형제니까요!"

"모두가 친구지요!"

"모두 흥청망청하기를 좋아하는 장난꾼이지요!"

"모두 안정된 지위를 가진 사람이지요!"

"모두 끝내주는 익살꾼이지요!"

"그리고 이기적이지 않습니다."

"별로 안 그렇죠."

"나로 말하자면, 솔직히 말해 마지막으로 경계 선 지가 좀 오래되면 몸이 안 좋아진답니다."

"그거, 이해가 갑니다."

"피가 요동친다고 할까요. 다리가 저리고 입맛이 없어진다오. 그러면 라르셰르 씨 얼굴이라도 보러 가야 진정이 된다오."

"우리가 대장을 정말 잘 만났지요! 일단 뭘 하면 티끌만한 부분도 양보가 없는 사람인데. 내가 놀라운 것은 그가 계속 대장을 하고 있다는 겁니다."

"그게 무슨 말인가요?"

"그 부인이 만만해 보이지 않거든요. 경계 근무라도 없으면 늘상 감시당하고 있나 보더이다."

"세상에, 겉모습만 보고는 모르는 거로구만. 나는 어때 보이나요. 행복해 보입니까?"

"거참! 괴롭게 사는 사람처럼 보이지는 않지요."

"그래요! 그렇게 보이지도 않고 그렇지도 않습니다."

"알아듣겠습니다."

"그럼 또 봅시다."

"잘 가십시오, 카르디날 씨."

국민군을 진지하게 생각하고, 그 외에는 다른 관심사가 없는 부르주아도 있다. 이런 자는 그야말로 완벽하게 행복한 사람이다. 그는 자기 주변에 끊임없이 교제의 폭을 넓히며, 특히 애정의 폭을 넓혀간다. 자신의 동료 하나하나에게서 그는 형제, 친족, 친구를 본다. 군대식 생활습관을 붙이고, 수염을 기른다. 그의 집에서는 군모軍帽가 나이트캡을 대신한 지 오래다.

아침마다 집합 북소리를 듣고 그는 소집되는 중대가 몇 중대인가를 알아맞힌다. 그는 창가로 달려간다. 혹은 실내화를 신은 채 거리로 내려간다. 장교들에게 경례하고, 동료들과 악수를 나누며, 그는 다음과 같은 상투적 문구를 반복해서 말한다.

"군대가 이렇게 잘 지켜줘서 우리가 편히 잘 수 있습니다……"

민간에 전승되는 바에 의하면, 부르주아는 무서울 정도로 둥근 실루엣을 지닌 미남이다. 그들의 후덕한 몸매는 병역에 별로 적합치 않아서, 그들에게 배정되는 보직은 보통 대호공병對壕工兵*이다. 그리하여 대호공병단이라는 무리는 다른 데서는 결코 볼 수 없는, 턱수염을 비롯한 덥수룩한 털더미에 파묻힌 소화하기 어려운 덩치로 구성되어 있다.

자, 이번에는 좀 다른 품종에 대해 이야기해보자.

---

*   원어는 "sapeur". 중세 때부터 성벽이나 탑을 무너뜨리기 위하여 땅을 파는 작업을 맡은 병사를 지칭하는 단어이다.

군인 부르주아라고 하는 인간형은 우리가 앞서 이야기한 부르주아 군인들과 약간 닮은 점이 있기는 하나 그리 잘 알려져 있지 않다. 그것은 해당 인물이 마흔에서 마흔다섯의 나이를 먹은 시점에 형성되는 유형이다. 그는 안경을 끼고, 소크*를 신고, 우산을 들고 다닌다. 그는 작은 것에 신경을 쓰고, 여러 가지 자잘한 사교적 재능을 지니고 있어서 만인이 그를 찾고, 좋아하고, 아낀다. 그는 자신의 수행원으로 새, 개, 고양이, 망루, 대장간 하나, 모루 하나와 망치들을 거느리고 다닌다. 그는 음악을 한다. 그는 화학과 물리학, 식물학에 간섭한다. 그는 뜰 하나를 가꾸면서 그것을 평생 간직할 것처럼 정성과 열성을 들인다. 그의 지인들은 자신의 가족 모임에 그를 초대한다. 따라서 그는 세례식이나 결혼식, 환영회와 송별회 등 온갖 종류의 축하연과 회합에 낀다.

---

* 소크(socques)는 고전 희극 배우들이 무대 위에서 신던 신발로, 밑창이 나무로 되어 있고 굽이 높다.

제대를 하면, 그는 더는 대위님이 아니라 소바죠 씨, 플뢰리 씨 혹은 뒤푸르 씨다. 그런데도 그가 가끔 옛 중대의 동료들과 식사를 한다면, 그건 전쟁 장관†께서 굳이 그의 출석을 요구하셨기 때문이다. 그렇지 않았다면 그는 혼자서 직접 상을 차려 먹었을 것이다. 자신의 존재가 불가피하게 요구되는 경우가 아닌 한 그는 동네에 모습을 나타내지 않는다.

규율이 잡히고 경제적인 생활습관을 가진 군인 부르주아는 그의 가족‡ 중 젊은 사람에게 신과 같은 존재이다. 이 젊은이들은 아직 스스로 자기 행동을 살피는 기술을 갖추지 못했다. 그리고 이 용맹한 남자의 지갑은 늘 그들에게 열릴 준비가 되어 있다. 따라서 그가 군복을 벗고 은퇴할 때가 되었을 때, 이 소식은 중대 전체에, 즉 그때까지 그를 안다

---

†   전쟁 장관(le ministre de la Guerre): 20세기 전반까지 프랑스 군대는 전쟁 장관과 해군 장관(le ministre de la Marine) 두 책임자가 통솔하였다(전쟁 장관은 육군, 해군 장관은 해군의 책임자였다). 20세기 후반 이 두 직책이 통합되어 현재의 국방 장관(le ministre de la Défense)이 되었다.

‡   여기서 가족이란 같은 부대에 소속된 다른 군인을 가리킨다.

는 행복을 누릴 수 있었던 모든 사람에게 크나큰 슬픔이 된다.

제13장

부르주아의 저녁 초대

저녁 초대란 큰일이다. 특히 부르주아에게 저녁 초
대란, 아마 그 무엇보다도 주의와 정성이 요구되는
가장 큰 일이다.

"누구를 부르지?"

부르주아가 그의 아내에게 묻는다.

"누구누구를 같이 부를 수 있을까? 날은 언제가 좋을까? 생선요리를 낼까 말까? 당신 삼촌이 출발하는 날짜를 기다려서 송별회를 할까? 식당에서 먹을까, 아니면 여보, 당신과 아이들 침대를 물리고 당신 방에서 먹는 것은 어떨까?" 등등.

가장 평범하고 시시한 저녁 모임을 준비하는 데도 최소 2주가 걸린다. 모임 직전의 며칠은 명상과 숙고, 그리고 음식 준비에 통째로 할애된다. 평소 성질이 가장 무난하고 변덕이 없는 부르주아라도, 저녁 모임 당일에는 완전히 다른 사람이 된다. 이날 그는 곰처럼 무뚝뚝하고, 고슴도치처럼 예민하다. 그는 마치 꼬인 줄과 같다.

대망의 당일 아침, 온 집안사람들이 서 있다. 부단하게 움직이고, 쉴 새 없이 왔다 갔다 하는데, 막상 일은 진전이 없다.

"하느님 맙소사. 브로샤르 씨, 당신 이렇게 계속 거치적거리면 내가 얼마나 짜증이 나는지 알아요?"

아내가 남편을 공격한다. 남편도 곧 받아친다.

"여보, 내가 당신만큼 직설적이지 못해서 그렇지, 당신도 나에게 어지간히 불편을 주고 있다오."

"부인, 과일 조림 병이 어디에 있죠?"

"내가 어떻게 알아, 그걸 나한테 맡겨뒀니!"

"꼬마 샤를은 어떻게 하죠, 부인. 배탈이 났는데요."

"매를 때려. 내가 허락할게. 그러면 해결될 거야."

"그렇지만 부인, 아이가 몸을 못 일으켜요."

"아무래도, 여보, 어떻게 된 건지 한번 보기는 해야 하지 않겠소."

"어제, 그것도 저녁에 제 동생들이랑 과자 더미 속에 파묻혔지요. 그리고 오늘 아침에 아프다는 거예요. 그렇게 된 거랍니다. 차를 한잔 타서 마시게 해. 그리고 나한테 더는 그 얘긴 하지 마. 브로샤르 씨, 당신 계속해서 물건들을 그렇게 휘저어 놓을 거라면. 아침부터 계속 그러고 있지요. 쫓아내 버릴 거예요. 난 경고했어요. 알아서 하세요."

"나는 도와주려는 거야. 내가 하는 일 자잘한 것 하나하나를 당신이 어떻게 해석하는지를 좀 봐!"

"내가 거치적거린다고 이미 말하지 않았나요, 아니면 저녁까지 계속 같은 얘기를 반복해야겠어요! 얘, 넌 거기서 날 그렇게 쳐다보면서 뭘 하는 거야? 샤를에게 차를 타다 주라고 벌써 말했잖니."

"네, 부인. 갈게요, 갈게요."

"저녁에 내가 또 해야 할 일들을 생각하면. 아니, 잠시라도 그 생각을 안 할 수가 없다고요, 피가 얼어붙는 것 같다니까!"

"저런, 여보. 들어봐요. 될 대로 되라지. 당신이 바란 만큼 그렇게 잘되지 않으면 또 어떻소. 그렇다고 우리 목이 매달리는 것도 아니라고."

"비웃음을 사겠지요. 확실히, 그게 목이 매달리는 것보다 더 슬픈 일이라고요."

"나는 그 말에 동의할 수 없는걸."

"프로제 부인네 만찬 꼴이 나게 할 건가요! 내가 그런 일을 겪는다면 난 평생 다시는 바깥에 나가지도 못할 거예요."

"그건 너무 나간 생각이야."

"멍청한 짓을 저질렀을 때, 난 그냥 숨어버리는 쪽을 택하죠. 모든 사람이 똑같지는 않다는 건 나도 알지만요. 당신도 그런 걸 조금은 알고 있고요, 브로샤르 씨. 아, 그 애가 찾던 과일 조림 병들이 여기에 있네! 그런데 침대를 떼어내러 오기로 한 그 가구장이 양반이 아직도 오지 않았어! 혹시 당신이 거기 좀 다녀와 주려는지……?"

"물론 그러리다. 내 옷은 어디 놔뒀소?"

"아니 그래, 나는 도대체 죽기 전에 잠깐 한숨 돌릴 복도 없을 거란 말이야! 그런 일은 절대 없겠지. 당신 옷은 직접 찾아봐요. 혼자 옷 입을 만큼은 다 큰 어른이 아닌가요."

"부인, 꼬마가 나아지지 않는데요."

"또 차례가 돌아왔군." (부인이 나간다.)

"그래서 부인께서는 오늘 아침에 대체 뭘 드신 건가요?"

"가구장이에게 다녀오려고 하는데 지금 내 꼴

167

이 이렇구나."

"그대로 나가지 못할 이유는 없지만, 좀 우습긴 하겠네요."

"심하게 우습지, 이렇게 나갈 순 없어. 그러니 빅투아르, 나 좀 도와줄 수 없겠어?"

"아, 도와드릴 수 있고 말고요, 더 중요한 일이 산더미 같긴 하지만."

"내 옷들이 어디 있지?"

"아이고! 좀 여기저기 있지요, 평소에 늘 그렇게 두시니까. 의자 위에 좀 있고, 서랍장 위에 좀 있고, 서재에 좀, 침실에 좀, 온 집안에 조금씩 널려 있지요."

"그 사람이 안 오면 말이야, 그 가구장이 말이지, 우리가 모두 아주 곤란해질 거라고. 주문해 둔 광어도 기다리고 있는데, 아직 도착하지 않았어. 아니 도대체가, 이번에는 정말로 끝장일 것 같구나, 이것 보라고!"

"매번 그렇게 말씀하시지요. 그러고는 매번 끝장이 안 났어요……. 부인께서 오시네요."

"애가 배탈이 났어."

"제가 그렇게 말씀드리지 않았나요?"

"나도 너만큼 똑바로 봤어. 어제 과자를 먹어서 그런 거라고 내가 말했는데, 틀리지 않았어. 애들 손에 과자가 들어가도록 놔둔 건 또 너였겠지."

"그러면서 크는 게 아니겠어요."

"가만히 있어요, 날 내버려 둬요. 당신 지금 뭔가 불쾌한 얘기를 하려는 게 틀림없어요."

"내가 보기에는, 여보……."

"부인, 가구장이가 왔어요."

"그래서, 나보고 어쩌란 말이니! 가구장이가 자기가 할 일을 알고, 자기가 하겠지? 쟤는 저걸 안 갖고 가나, 저 과일 조림 병들! 두 시간 동안 그걸 가지고 나를 귀찮게 굴더니!"

"엄마, 가구장이가 왔어요."

"나도 알아. 너희 하녀가 나한테 방금 얘기했어."

"엄마, 우리 여기서 놀아도 돼요?"

"낮 동안 여기서 놀겠다는 건 아니겠지. 온종

일 나를 골치 아프게 할 생각이라면, 너희 숙모에게 너희 모두 보내 버려야겠다……. 저런! 이번엔 또 무슨 일이야?"

"아빠가 샐러드 그릇을 떨어뜨렸어요!"

"세상에나, 그렇고말고! 내가 이이를 놓치고 있었구나!"

"내가 뭐랬나요, 당신이 제대로 하는 건 훼방 놓는 것밖에 없다고요!"

"다리를 부러뜨린 것보다는 낫잖아."

"그럴까요, 말하기 어렵군요. 나는 내 샐러드 그릇을 아주 많이 아끼거든요. 자, 날 내버려 둬요, 당신은 바보짓만 해요."

"브로샤르 부인!"

"내가 좀 물어보고 싶군요. 늘 내 발뒤꿈치를 쫓아다니는 게 당신 일인가요?"

"브로샤르 부인!"

"다른 여자들이 내 처지가 되면 당신 뒤꽁무니에다 행주나 걸레를 매달아 놓고 다니게 할 거예요. 그럴 여자가 백 명은 될 거예요, 그럴 만도 하지요!"

"내가 말했지, 이 도련님들아? 여기서 놀면 안
된다고."

"왜 안 돼요, 엄마?"

"너희한테 설명할 틈이 없어. 또 무슨 일이야?
뭔가 떨어지는 소리가 들렸어. 폴리도르, 가서 보고
와."

"네, 엄마."

"또 무슨 일이 있니, 빅투아르?"

"아무 일도 아니에요."

"응, 아무 일도 아니라니? 분명히 큰 소리가
들렸는데."

"가구장이가 방금 서랍장 대리석의 구석 부분
을 좀 떼어낸 것뿐이에요."

"구석 부분? 내 서랍장 흰 대리석에서⋯⋯?"

"그가 별일 아니라고 했어요."

"별일이 아니라고, 그게 말이 되니! 내가 직접
가서 봐야겠다." (그녀가 나간다.)

"무슈, 거기 구석에서 도대체 뭘 하고 계신 건

가요?”

"내 아내가 나더러 아무것도 하지 말라고 해
서. 그렇지 않으면 자기를 더 곤란하게 만든다더
군.”

"깨졌어, 내 서랍장의 대리석이 두 동강 나 버
렸어! 이 사달을 낸 그 가구장이를 방금 쫓아내고
오는 길이에요.”

"라르셰르 씨를?”

"아니에요. 그가 직접 오지 않았어요. 자기 밑
에서 일하는 사람을 보냈어요. 그런데 당신은 지금
일어난 일이 아무렇지도 않은 모양이군요, 그렇지
않나요. 당신은 이 집안사람이 아닌가요?”

"그게 아니라……”

"입 다물어요! 정말 끔찍해. 가만히 있지 않을
거야. 내 대리석 값을 치르게 할 거야. 그렇고말고.
그에게 돈을 다 물어내라고 할 거야.”

"부인, 어떤 분이 생선을 가지고 왔는데요.”

"이름이 뭔데?”

"모르겠어요, 부인.”

172

"가서 물어봐."

"제 생각엔 필시……."

"또 쓸데없이 말을 얹을 거야? 시킨 일이나 해."

"조제프라는데요, 부인."

"무슨 조제프?"

"다시 물어보고 올게요."

"그런 대리석은 다시 구할 수 없어, 틀림없어."

"광어를 가지고 온 조제프라는데요, 부인."

"심부름꾼이란 말이야?"

"네, 부인."

"왜 진작 그렇게 말하지 않았어?"

"그분이 생선을 가져왔다고 말했는데요."

"멍청한 소리. 심부름꾼은 '분'이 아니야. 그리고 광어는 '생선'이 아니야. 들어오라고 해."

"들어오세요."

"가지고 온 광어를 보여줘요."

"여기 있습니다, 부인."

"이게 광어인가요?"

"그쪽에서 제게 맡긴 게 이겁니다."

"자기들 맘대로 골라서 준 거죠. 그리고 당신은 이걸 그냥 받아 왔다고요?"

"그 사람들이 다른 말은 하지 않았어요."

"전 이거 안 사요."

"부인, 이것도 맛이 좋아요."

"이건 절대로 스물다섯 명이 먹을 수 있는 광어가 아니에요."

"저는 몇 명이 먹을 것인지는 몰랐어요."

"이제 와서, 이걸 어쩌면 좋담. 뭐라고 할 건가요?"

"글쎄요! 저는 모르겠습니다. 부인께서 원하시는 대로 하셔야죠."

"얼른 되돌아가서 빨리 다른 생선을 갖다줘요. 그리고 그 사람들에게는 내가 나중에 사례하겠다고 해요."

"심부름꾼에게 사례하는 것도 잊지 않으시겠지요?"

"그거 제가 가장 먼저 잊어버리고 싶은 것이

로군요……. 참 대단하네요, 브로샤르 씨. 이 꼴이
났는데 내내 거기에 있으면서 한마디도 하지 않는
군요."

"그야, 내가 무슨 말을 할 때마다 당신 반응이
너무 친절해서 말이지……."

"빅투아르!"

"부인!"

"그래서 식탁은. 결국 식탁은 마련되었어?"

"어떻게 식탁이 마련되었냐는 말씀인가요?"

"내가 요구했던 대로 말이야."

"아니, 부인께서 그 사람을 돌려보내셨잖아
요. 그 사람이 다시 오지 않았죠."

"그러니까 결국 내가 해야 한단 말이야?"

"부인께서 원하는 대로 하셔야죠."

"그렇구나! 정말 이렇게 되는구나. 이것도 내
가 직접 해야겠구나."

"여보, 당신이 원한다면 말이지……."

"아무도 필요 없어요. 하기야 처음 있는 일도
아니지요. 언제나 내가 모든 일을 해왔으니까."

무슈는 담담하게 버티고 있고, 마담은 이곳의 지배자다. 그녀는 식탁을 마련하고, 수저를 놓고, 식사 준비를 한다. 이 모든 눈물과 분노와 절치부심의 장면들이 부르주아와 그의 아내를 더욱더 성마른 인간으로 만드는 데 적잖게 기여한다. 두 사람 다, 저녁 손님을 초대한 날만큼 신경이 곤두서있고, 우울하고, 스스로 짜증 나 있으며 다른 사람을 짜증 나게 할 때가 없는 것이다.

제14장

부르주아의 인간관계

자신에게 주어진 갖가지 사회적 의무를 완수하는
그 정확성이야말로 부르주아에게서 볼 수 있는 가
장 주요한 특징 중 하나이다. 기념일, 결혼식, 세례
식, 장례식에 참석하는 것은 그의 일상적 활동 중
일부이다. 이러한 행사 중 특히 장례식에 대한 부르
주아의 선호는 각별한데, 온 세상의 황금과 맞바꿔
서도 그는 장례식을 하나도 놓치고 싶지 않다. 죽은
사람이 그의 마지막 집으로 가는 길을, 그게 그날
처음 알게 된 사람이든 가장 친한 친구이든, 그는
늘 같은 정도의 기꺼운 마음으로, 그리고 같은 정도
의 열성으로 따라간다. 따라갈 것이 아무것도 없는

날 오히려 그는 낙담에 빠진다.

　그의 주변 사람들은 그의 낯빛을 보고 그가 하루 동안 하려는 일을 쉽게 짐작할 수 있다. 장례가 있는 날 아침, 그의 복장은 고상하고 엄숙하다. 그의 얼굴은 스펀지마냥 온통 축축하게 젖어있다. 그는 목소리의 키를 높게 잡고, 긴 한숨을 내쉬며, 눈길은 하늘을 향하고 줄곧 다음의 두 마디를 내뱉는다.

　"불쌍한 친구!!!"

"불쌍한 친구! 그건 당신이 잘 아는 사람일 때나 할 수 있는 말 아닌가요."

부르주아즈의 말이다. 그녀는 자기 남편보다 선천적으로 체질이 덜 습한 편이다.

"타바로네에서 모임을 끝내고 그와 함께 돌아온 적이 여러 번 있었소."

"우습군요!"

"우리 사이에는 언제나 완벽한 조화와 평화가 있었어."

"확실히, 그가 뜬금없이 당신 따귀를 두 번 연속으로 때리거나 발로 짓밟으려 했을 것 같지는 않군요."

"그가 하는 일이라면 난 뭐든지 참고 받아줄 수 있었어. 그 정도로 그는 좋은 사람이었어."

"제정신이 아니군요."

"갑시다, 여보. 자, 내 모자, 그리고 내 뒤발 씨 장갑 주시오."

"뒤발 씨 장갑이라니요?"

"그 장갑은 원래 내가 뒤발 씨에게 주려고 샀

던 것이니까."

"아! 그렇지요, 또 친구 얘기로군요. 당신은 한 번도 본 적 없는 사람이었죠. 이번 분과는 다르네요."

"어쨌든 동네 사람이었어."

"그런데 저번에 말할 때는 그 사람 이름이 프로방셰르가 아니었나요?"

"내 프로방셰르 장갑을 주시오."

고인의 집에 도착했다. 그는 고인을 잘 모르지만 그의 집을 알아본다. 상가喪家 장막* 앞에서 우리의 부르주아는 지체 없이 사람들과 안면을 트기 시작한다.

그가 곁에 있는 한 사람에게 이렇게 말을 건다.

"보십시오. 내가 27일 화요일에 여기에 오리라고는 전혀 생각지 못했답니다. 사흘 전만 해도, 누가 나에게 27일에 고다르를 물을 거라고 말했다

---

* 상중임을 알리기 위해 고인의 집 문 앞에 걸어두는 검은색 천.

면 나는 분명 '농담하지 말라'고 대답했을 겁니다."

"그 자신도 전혀 예상하지 못했던 게 사실이지요. 그날도 그는 평소와 똑같이 잠자리에서 일어났어요."

"뭐라 할 수 있겠습니까. 우리는 모두 죽을 목숨인 것을!"

"다소 그렇지요, 맞는 말입니다."

"보편적인 법칙을 따라야지요."

"피해 갈 수 없는 것을 겪어야 하지요."

"저도 같은 생각입니다."

"저와 의견이 일치하시다니 정말 반갑습니다."

"너무나 좋은 사람이었지요. 백 번이고 천 번이고 좋은 사람이었지요. 정말로 호인이었는데!"

"멋진 사람이었지요!"

"생각이 확고했고!"

"탁월했고."

"정직한 사람들이 떠나면 안 되는데 말입니다."

"특별한 사람이었지요."

"손재주도 좋았고……."

"아주 원숭이 같았지요."

"그와 나누는 대화는 참 즐거웠지요!"

"그 집에서 내는 샐러드 요리가 정말 맛있었는데!"

"여자들을 대하는 태도도 참 훌륭했고요!"

"어찌나 단호하던지!"

"너무 일찍 죽었습니다. 그런데 죄송합니다만, 무슈, 제가 당신을 만나는 영광을 누리는 게 아무래도 이번이 처음이 아닌 것 같습니다만?"

"그런 것 같습니다. 제 기억에도……."

"프로제 부인의 장례식에서 만났었습니다."

"좋은 분이었지요!"

"멋진 분이었지요! 끝에는 우리와 사이가 좀 소원했지만."

"건강이 좋아 보이십니다."

"다행히 그렇습니다. 하느님께 감사할 일이지요!"

"일은 잘되어 가시고!"

"최선을 다하고 있습니다. 제가 복이 많아서 친구들을 이제 거의 다 땅에 묻었군요. 파리조 씨도 그렇고……. 어쩌면 아실 것도 같습니다만?"

"물론이지요."

"슈낭테 부부라든지."

"그분들은 모르겠군요."

"메나죠 씨의 장례도 얼마 전이었지요."

"아, 그분! 그쪽은 알지요."

"또 최근에는, 파시아 부인의 아버님이 돌아가셨지요."

"라르드누아 씨 말입니까?"

"라르드누아. 그리고 또 여러 사람이 있습니다."

"그분이 돌아가시기 전에 장사를 접었었지요."

"잘못 생각했던 겁니다. 일을 계속했어야 했어요, 그 라르드누아 씨는."

대화는 여기서 종료된다. 장례식 진행자가 와

서 사람들에게 그날 모임의 목적을 상기시켰기 때문이다. 그가 '오늘 자리해 주신 여러분…….' 하고 말을 떼자마자, 곧바로 운구 행렬이 움직이기 시작한다.